ÉCOLO ? OU PAS ÉCOLO ?

101 MISES AU POINT POUR AGIR EFFICACEMENT

58, rue Jean Bleuzen – 92178 Vanves Cedex
webpratique@hachette-pratique.com

Direction : Catherine Saunier-Talec
Directrice éditoriale : Céline Le Lamer
Directeur artistique : Nicolas Gallois
Mise en page : ZS studio
Illustrations des pages 20 et 21 : Varti-Eva Wanis
Pictogrammes : © iStock, © Noun Project
Relecture : Delphine Bothuan
Fabrication : Amélie Latsch
Responsable partenariats : Dana Lichiardopol (dlichiardopol@hachette-livre.fr)

L'éditeur utilise des papiers composés de fibres naturelles, renouvelables, recyclables et fabriquées à partir de bois issus de forêts qui adoptent un système d'aménagement durable. L'éditeur attend également de ses fournisseurs de papier qu'ils s'inscrivent dans une démarche de certification environnementale reconnue.

Imprimé en France sur du papier certifié sans chlore issu de forêts gérées durablement, avec des encres végétales sur les presses de Pollina, un imprimeur reconnu pour ses pratiques respectueuses de l'environnement.

Dépôt légal :
Juin 2025
8020964
9782017161424/01
Imprimé en France

IMPRIM'VERT. Votre imprimeur agit pour l'environnement

PAPIER À BASE DE FIBRES CERTIFIÉES

hachette PRATIQUE s'engage pour l'environnement en réduisant l'empreinte carbone de ses livres.
Celle de cet exemplaire est de :
1,3 kg éq. CO_2
Rendez-vous sur
www.hachette-durable.fr

ÉCOLO ? OU PAS ÉCOLO ?

101 MISES AU POINT POUR AGIR EFFICACEMENT

Valère Corréard
& Aline Gubri

hachette

Sommaire

Introduction 8

PARTIE 1 - Les gestes qui font vraiment la différence ! 12

CHAPITRE 1 - POUR AMÉLIORER SON BILAN CARBONE 14

Manger sans viande ou manger local ? 16
Manger moins de viande ou en manger mieux ? 17
Passer au zéro déchet ou réduire l'avion ? 22
Passer au zéro déchet ou arrêter la viande ? 23
Prendre plus le vélo ou équiper sa maison d'ampoules LED ? 24
Bilan carbone : manger local ou changer de banque ? 25

CHAPITRE 2 - POUR RÉDUIRE SES DÉCHETS 26

Cuisiner ses épluchures ou réparer ses objets ? 28
Acheter en vrac ou acheter anti-gaspi ? 29
Acheter un maximum d'occasion ou passer aux objets lavables ? 30
Acheter moins d'objets électriques neufs ou moins d'emballages ? 33

CHAPITRE 3 - POUR RÉDUIRE SA CONSOMMATION D'EAU ET D'ÉLECTRICITÉ 34

Fermer le robinet en se lavant les mains ou acheter moins de vêtements neufs ? 36
Éteindre les lumières ou baisser la température de son chauffe-eau ? 37
Mettre un couvercle sur les casseroles ou baisser le chauffage ? 38
Baisser le chauffage ou équiper sa maison d'ampoules LED ? 39

CHAPITRE 4 - POUR RÉDUIRE SA POLLUTION NUMÉRIQUE 40

Envoyer moins d'e-mails ou éviter l'achat d'une tablette numérique ? 42
Envoyer moins de pièces jointes ou rallonger la durée de vie de son ordinateur ? 44
Trier ses e-mails ou regarder des vidéos en définition plus basse ? 45

CHAPITRE 5 - POUR ADOPTER UNE MODE PLUS RESPONSABLE 46

Acheter moins ou acheter mieux ? 48

PARTIE 2 - Enfin savoir quel produit choisir ! 50

CHAPITRE 6 - QUAND ON VEUT MANGER PLUS DURABLE 52

Café ou thé ? 54
Œufs ou viande ? 55
« Lait » de soja ou lait de vache ? 58
Bio ou local ? 61
Local ou circuit court ? 64
Bio ou Label Rouge ? 67
Bio ou agriculture raisonnée ? 69
Bio ou Haute valeur environnementale ? 72
Bio ou équitable ? 74
Label bio ou Bleu-Blanc-Cœur ? 76
Bio européen ou bio importé ? 78
Viande bio ou viande zéro déchet ? 81
Viande de poulet ou de mouton ? 84
Jambon de porc ou jambon de dinde ? 86
« Viande » végétale ou viande animale ? 87
Viande ou poisson ? 92
Poisson d'élevage ou sauvage ? 94
Crevettes ou moules ? 98
Sushis au saumon ou à l'avocat ? 99

CHAPITRE 7 - QUAND ON VEUT PASSER AU ZÉRO DÉCHET 100

Vrac ou bio ? 102
Zéro emballage ou de saison ? 104
Eau en bouteille ou eau du robinet ? 106
Eau pétillante en bouteille ou machine à gazéifier ? 110
Brique en carton ou bouteille en plastique ? 112
Plastique sans BPA ou verre ? 115
Occasion emballé ou neuf sans emballage ? 118
Papier recyclé ou recyclable ? 119
Pailles en papier ou paille lavable en inox ? 120
Emballage cadeau en tissu ou emballage cadeau en papier ? 122
Sapin artificiel ou sapin naturel ? 124

CHAPITRE 8 - QUAND ON VEUT ÉQUIPER SA MAISON PLUS ÉCORESPONSABLE 126
Lave-linge/vaisselle : mode rapide ou mode éco ? 128
Réfrigérateur neuf basse conso ou réfrigérateur d'occasion ? 129
Produits ménagers : faits maison ou achetés en vrac ? 130
Acheter ou louer un appareil ? 132
Déposer un meuble dans les encombrants ou le donner en ligne ? 135
Ampoule classique ou ampoule connectée ? 136
Fournisseur d'électricité verte : n'importe lequel ou un labellisé ? 137
Couper le chauffage en journée ou le baisser ? 140
Départ en vacances : éteindre son chauffe-eau ou le laisser allumé ? 142
Chauffage au gaz ou à l'électricité ? 143
Chauffage au bois ou à l'électricité ? 144

CHAPITRE 9 - QUAND ON VEUT RÉDUIRE SA POLLUTION NUMÉRIQUE 148
Livres papier ou liseuse ? 150
Réparer un ordinateur ou le recycler ? 151
Ordinateur basse consommation ou écolabellisé ? 152
Wi-Fi ou 4G ? 153

CHAPITRE 10 - QUAND ON NE VEUT PLUS DE LA FAST-FASHION 154
Neuf made in France ou fast-fashion d'occasion ? 156
T-shirt : d'occasion ou neuf en polyester recyclé ? 160
Vêtement cousu soi-même ou acheté d'occasion ? 161
Cuirs végans ou cuir traditionnel ? 162
Coton certifié bio ou coton BCI ? 164
Coton biologique ou coton OEKO-TEX Standard 100 ? 165
Vêtements inutilisés : borne à recyclage ou vente sur Vinted ? 166

CHAPITRE 11 - QUAND ON VEUT PRENDRE SOIN DE SOI AU NATUREL 168
Shampooing solide (non bio) ou liquide bio ? 170
Cosmétiques maison ou certifiés bio ? 172
Crème solaire faite maison ou du commerce ? 176
Cotons démaquillants : jetables bio ou lavables ? 177
Protections hygiéniques : « au coton bio » ou écolabellisées ? 178
Protections hygiéniques : certifiées OEKO-TEX ou écolabellisées ? 180
Protections hygiéniques : « au coton bio » ou lavables ? 181

CHAPITRE 12 - QUAND ON VEUT SE DÉPLACER PLUS DURABLEMENT ... 182
Voiture électrique neuve ou thermique d'occasion ? ... 184
Voiture électrique ou hybride ? ... 185
Vélo classique ou électrique ? ... 186
Vélo électrique ou trottinette électrique ? ... 188
Scooter ou moto ? ... 189
Voiture ou car ? ... 190
Voiture ou train ? ... 191
Avion ou ferry ? ... 192
Partir loin en train ou partir proche en avion ? ... 193
Voyager en avion avec une compensation carbone ou voyager en train ? ... 194
Vacances sans avion ou dans un hôtel écoresponsable ? ... 196

CHAPITRE 13 - QUAND ON VEUT ÊTRE PLUS ÉCOLO AVEC SES ENFANTS ... 198
Jouets en bois neuf ou en plastique d'occasion ? ... 200
Couches jetables « au coton bio » ou écolabellisées ? ... 202
Couches jetables OEKO-TEX ou écolabellisées ? ... 203
Couches « au coton bio » ou couches lavables ? ... 204
Lingettes jetables : faites maison ou 100 % végétales ? ... 206
Nettoyage de la peau : au lait nettoyant ou à l'eau ? ... 208
Sérum physiologique : pipettes biodégradables ou fait maison ? ... 210
Biberons en bioplastique ou en verre ? ... 212
Lait infantile : fabriqué en France ou certifié bio ? ... 213

CHAPITRE 14 - QUAND ON VEUT DONNER DU SENS À SON ARGENT ... 214
Livret A ou livret de partage ? ... 216
Livret A ou livret développement durable et solidaire ? ... 217
Investir via un fonds labellisé ISR ou via un « financement participatif pour la croissance verte » ? ... 218

Conclusion ... 220

À propos des auteurs ... 222

Introduction

À contre-courant de ce que nous entendons chaque jour, nous vous proposons avec cet ouvrage de vous poser un peu. Bien sûr il y a urgence à agir, chacune et chacun, avec ce qu'on peut, ce qu'on veut et surtout ce que l'on sait ! Savoir, c'est pouvoir…

Le pouvoir de choisir d'abord, le pouvoir de renoncer aussi. Il faut se rendre à l'évidence, changer de mode de vie n'est pas une mince affaire, c'est peut-être même un défi de trop dans un système qui nous invite à ne surtout rien changer. Mais on ne va pas non plus attendre les bras croisés !

Il faut donc faire des choix dans un océan de propositions pour les uns, injonctions pour les autres. Alors, à choisir, autant que ce soit efficace, et que nous ne perdions pas davantage de temps et d'énergie. C'est tout notre projet. Donner des clés solides, sans parti pris, pour vous donner l'opportunité de faire vos choix. Nous sommes assaillis d'informations contradictoires, de *fake news,* d'opinions qui peuvent être troublantes, dans le meilleur des cas, ou pire, démotivantes alors qu'on essaie de « faire notre part ».

Dans cet ouvrage, nous nous sommes rangés du côté des faits, de la science et de ce qui est, ou n'est pas.

101 SITUATIONS DE LA VIE QUOTIDIENNE QUE NOUS AURONS TOUTES ET TOUS VÉCUES UN JOUR OU L'AUTRE ET QUE NOUS SAURONS DÉSORMAIS ABORDER AVEC UNE INFORMATION FIABLE POUR CHOISIR, LIBREMENT.

Si nous avions voulu compiler ici tous les gestes possibles et imaginables pour avoir un quotidien plus écoresponsable, le livre que vous tenez dans les mains ferait probablement des dizaines de milliers de pages.

Et comme il n'est pas possible de tous les adopter au quotidien, au risque de tomber dans une démarche bien trop contraignante et irréaliste (croyez-en nos expériences personnelles passées !), lesquels faut-il alors choisir ?

LA CLÉ : REGARDER LES ORDRES DE GRANDEUR.

Quelles actions vous permettront d'éviter le plus d'impacts ? Une information primordiale, qui vous permettra de savoir quelles habitudes sont à adopter en priorité et lesquelles sont à laisser pour plus tard (voire jamais).

ALORS, POUR NE PLUS PERDRE VOTRE TEMPS AVEC DES ÉCOGESTES MOINS EFFICACES QUE VOUS LE PENSIEZ, VOUS DÉCOUVRIREZ DANS LA PARTIE 1 DE CE LIVRE CEUX QUI COMPTENT VRAIMENT.

Mais décider d'agir et de consommer autrement n'est parfois pas suffisant. Encore faut-il parfois savoir quelles options sont réellement les plus écologiques. Vaut-il mieux un concombre bio ou un concombre local ? Le plastique sans BPA est-il vraiment plus sain ? Les aliments en vrac sont-ils plus écologiques même s'ils ne sont pas certifiés biologiques ?

Entre le marketing trompeur, le manque d'informations pour les consommateurs, les impacts cachés de nos produits et les idées reçues, l'option la plus écologique n'est pas toujours celle que vous pensiez.

C'EST POUR CELA QUE VOUS TROUVEREZ DANS LA PARTIE 2 DE CE LIVRE DES RÉPONSES CLAIRES VOUS PERMETTANT D'ENFIN SAVOIR QUELS PRODUITS CHOISIR, SANS PLUS JAMAIS HÉSITER.

Comment lire les pages de ce livre ?

LES PAGES DE LA PARTIE 1
« LES GESTES QUI FONT VRAIMENT LA DIFFÉRENCE »

(pages 14 à 49)

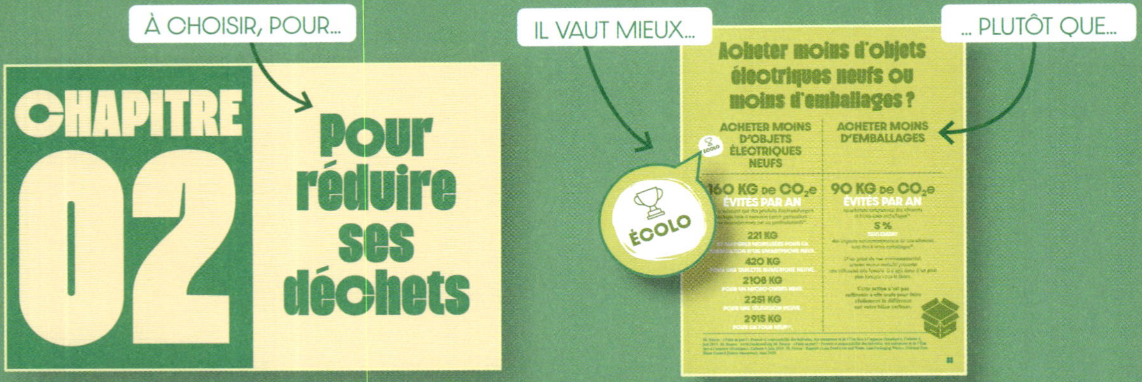

LES PAGES DE LA PARTIE 2
« ENFIN SAVOIR QUEL PRODUIT CHOISIR ! »

(pages 52 à 219)

Les icônes que vous trouverez

Ce pictogramme vous indique en un coup d'œil le gagnant du « match » ! Il indique l'option à privilégier entre les deux présentées sur la page.

Cette option est non seulement la grande gagnante du match, mais aussi l'option idéale dans l'absolu. Il s'agit d'un écogeste particulièrement recommandé car très efficace ou d'un produit à l'impact environnemental exemplaire.

Vous trouverez ces pictogrammes lorsque que le match est très serré. L'option n° 1 est un excellent choix. Mais pas loin derrière elle sur le podium, la seconde option est – dans l'idéal – à adopter également, car elle est complémentaire.

Vous rencontrerez ces symboles lorsque le match n'a pas pu avoir lieu. Les deux options ont des vocation différentes (l'environnement, le social, la protection des travailleurs…) et ne peuvent donc pas être comparées. Chacune est un bon choix dans son domaine et est complémentaire de l'autre pour une consommation plus responsable.

C'EST QUOI DU « CO_2e » ?

Vous lirez souvent ce terme dans les pages suivantes lorsqu'il sera question d'émissions de gaz à effet de serre. Il s'agit d'« équivalents CO_2 », l'unité de mesure des gaz à effet de serre. Elle permet de rassembler les différents gaz à effet de serre (dioxyde de carbone, méthane, protoxyde d'azote…) sous une seule unité : la quantité de dioxyde de carbone (CO_2) qu'il faudrait pour atteindre la même intensité et la même durée d'effet de serre.

PARTIE 1

Les gestes qui font vraiment la différence !

CHAPITRE 01

Pour améliorer son bilan carbone

Manger sans viande ou manger local ?

ÉCOLO

MANGER SANS VIANDE

(ou en réduire significativement sa consommation)

1120 KG DE CO_2e ÉVITÉS PAR AN

en ne consommant plus de viande ni de poisson[1].

Un repas sans viande ni poisson émet en moyenne :

2,2 FOIS MOINS
DE GAZ À EFFET DE SERRE QU'UN REPAS AVEC DU POISSON GRAS ;

3,1 FOIS MOINS
QU'UN REPAS AVEC DU POULET ;

3,9 FOIS MOINS
QU'UN REPAS AVEC DU POISSON BLANC ;

14,3 FOIS MOINS
QU'UN REPAS AVEC DU BŒUF[2].

Pourquoi la viande pollue-t-elle autant ? Quelles sont les viandes qui émettent le moins de CO_2 ? Toutes nos réponses en images et en chiffres aux pages 18, 19, 20 et 21 !

MANGER LOCAL

117 KG DE CO_2e ÉVITÉS PAR AN

en mangeant entièrement local[3].

5 % SEULEMENT
DES GAZ À EFFET DE SERRE
émis par le système alimentaire mondial sont imputables au transport des denrées[4].

Manger local peut permettre de réduire légèrement le bilan carbone de ses assiettes, mais n'est pas suffisant pour faire une réelle différence.

L'origine géographique n'est pas un critère de choix prioritaire, car son efficacité est bien plus réduite que celle liée aux impacts de la production de l'aliment lui-même :

- S'agit-il de protéines animales ou végétales ? (voir page 19)
- Est-ce certifié biologique ? (voir page 58)
- Est-ce une viande rouge ou une viande de volaille ? (voir page 87)

1. Source : « Faire sa part ? - Pouvoir et responsabilité des individus, des entreprises et de l'État face à l'urgence climatique », Carbone 4, juin 2019. **2.** Source : www.impactco2.fr (ADEME). **3.** Source : « Faire sa part ? - Pouvoir et responsabilité des individus, des entreprises et de l'État face à l'urgence climatique », Carbone 4, juin 2019. **4.** Source : « "Manger local" permet-il de réduire les impacts environnementaux de son alimentation ? », Réseau Action Climat, 19 mai 2021 ; basé sur M. Crippa, E. Solazzo, D. Guizzardi *et al.*, « Food systems are responsible for a third of global anthropogenic GHG emissions », *Nature Food*, 2021.

Manger moins de viande ou en manger mieux ?

1 MANGER MOINS DE VIANDE

2 EN MANGER MIEUX

EN FRANCE, RÉDUIRE DE MOITIÉ notre consommation actuelle de viande permettrait d'atteindre les objectifs climatiques du pays (plus de détails à la page suivante).

2,5 À 10 KG DE PROTÉINES VÉGÉTALES (soja, blé…) sont en moyenne nécessaires pour produire 1 kg de protéines animales[5]. Les produits d'origine animale, et particulièrement les viandes, sont parmi les aliments de loin les plus polluants de nos assiettes.

En réduire notre consommation (et ainsi notre production) est une des actions écologiques les plus efficaces et prioritaires que vous pouvez adopter dans votre quotidien.

EN PARALLÈLE, SI VOUS CONTINUEZ À CONSOMMER DE LA VIANDE, assurez-vous d'acheter celle qui présente le moins d'impacts environnementaux possible (voir les détails en page 19).

5. Source : Étude « Viande : manger moins, manger mieux », WWF, 2019.

MOINS DE VIANDE : LA SOLUTION POUR NOS OBJECTIFS BAS CARBONE

Selon une étude du Réseau Action Climat et de la Société française de nutrition publiée en février 2024[6], réduire de 50 % la consommation actuelle moyenne de viande des Français (tout en assurant des apports nutritionnels adéquats sans avoir recours à des produits enrichis ou des supplémentations) conduirait à une réduction de l'impact carbone de l'alimentation des Français comprise entre 20 % et 50 %, selon les régimes alimentaires adoptés.
Cela permettrait alors d'atteindre l'objectif de la France (pris dans le cadre de la 2e stratégie nationale bas-carbone) de réduire les émissions de gaz à effet de serre du secteur agricole de 46 % d'ici 2050.

ALORS QUE MANGE-T-ON ?

Tant pour la santé que pour l'environnement, ce même rapport recommande de :

1. **LIMITER SA CONSOMMATION DE VIANDE À 450 G PAR SEMAINE** (tous types de viandes confondus : bœuf, volaille, charcuterie, etc.) ;
2. **CONSOMMER DES LÉGUMINEUSES** (lentilles, pois chiches, haricots secs…), excellentes alternatives aux viandes, notamment parce qu'elles sont riches en protéines et en fer ;
3. **CONSOMMER DEUX PETITES POIGNÉES DE FRUITS À COQUE** (amandes, noix, noisettes…) par jour, riches notamment en fer et calcium.

GARE AUX MANIPULATIONS DU MOT « FLEXITARIEN » !

Nous sommes en février 2022. Au Salon de l'agriculture et dans les transports en commun de certaines grandes villes françaises, un slogan est visible partout : « Aimez la viande. Mangez-en mieux. », suivi de « Être flexitarien, c'est s'engager. »
Alors que ce terme désigne un régime alimentaire dans lequel les protéines animales ne sont que très occasionnelles, ces publicités semblent avoir (malencontreusement, bien sûr) omis de parler avant tout de cette réduction de notre consommation de viande, pour se concentrer uniquement sur le « mieux ».
Pourquoi ? Probablement parce qu'elles proviennent de l'Interbev, l'interprofession du bétail et des viandes, que certains appelleront « lobby de la viande ».
Un détournement du mot « flexitarien » par des professionnels de la viande à des fins commerciales **qui transmet** la dangereuse (et scientifiquement fausse) idée que manger *mieux* de la viande suffirait à répondre aux enjeux environnementaux d'aujourd'hui, sans avoir avant tout à en manger *moins*.

---

6. Source : Rapport « Comment concilier nutrition et climat ? Pour la prise en compte des enjeux environnementaux dans le Programme national nutrition santé », Réseau Action Climat et Société française de nutrition, 20 févr. 2024. Disponible sur : https://reseauactionclimat.org/publications/synthese-comment-concilier-nutrition-et-climat-pour-la-prise-en-compte-des-enjeux-environnementaux-dans-le-programme-national-nutrition-sante/

Pour aller plus loin

« MANGER MIEUX » DE LA VIANDE : LE MINI-GUIDE

Quand vous consommez de la viande, mieux vaut privilégier des viandes de qualité (sur le plan environnemental).
« De la viande locale et de chez le boucher du coin », pensez-vous peut-être. Mais comme détaillé aux pages 61 (« Bio ou local ? ») et 81 (« Viande bio ou viande zéro déchet ? »), ces critères ne font pas réellement la différence dans la balance écologique de votre assiette.

Les critères qui comptent le plus sur le plan environnemental :

Les viandes de volaille

Ce sont elles qui polluent en moyenne le moins.

POUR 1 KG ÉQ. CO_2 D'ALIMENT[7] :

À PRIVILÉGIER	LENTILLES	0,7 KG CO_2e	50 L D'EAU
À PRIVILÉGIER	VOLAILLE	6,9 KG CO_2e	535 L D'EAU
	PORC	12,1 KG CO_2e	1174 L D'EAU
À LIMTER	MOUTON ET AGNEAU	39 KG CO_2e	1016 L D'EAU
À LIMTER	BŒUF	27 KG CO_2e	1395 L D'EAU

Les chiffres relatifs au CO_2 sont donnés en « éq. CO_2 », c'est-à-dire en « équivalents CO_2 », l'unité de mesure des gaz à effet de serre.
Les chiffres relatifs à la consommation d'eau excluent volontairement « l'eau verte » (l'eau de pluie qui arrose naturellement les champs).

Le label de l'agriculture biologique

Rendez-vous en page 74 pour découvrir les garanties environnementales que vous apporte ce label.
Apprenez aussi en page 67 et 76 que les labels Label Rouge et Bleu-Blanc-Cœur n'ont pas comme vocation première l'écologie.

« OUI, MAIS LA VIANDE BIO, C'EST CHER »

Tout à fait, notamment parce que les coûts de production sont bien plus élevés. Mais manger moins de viande (et la remplacer par des sources végétales de protéines comme les légumineuses, bien moins chères) et privilégier les viandes de volaille par rapport aux viandes rouges (bien plus chères) permet en général d'économiser d'un côté pour pouvoir acheter de l'autre des viandes de meilleure qualité.

7. Sources des chiffres cités :
www.wwf.ch/fr/nos-objectifs/viande-et-produits-laitiers
www.fao.org/pulses-2016/news/news-detail/fr/c/379387
www.qqf.fr/infographie/47/la-viande
www.lemonde.fr/les-decodeurs/article/2018/12/11/pourquoi-la-viande-est-elle-si-nocive-pour-la-planete_5395914_4355770.html

POURQUOI MANGER MIEUX DE LA VIANDE (QUAND ON EN MANGE) FAIT LA DIFFÉRENCE ?

Dans un souci de vulgarisation, les contenus de ces illustrations ont été simplifiés. Ils ne résument pas de façon exacte et exhaustive les données scientifiques sur le sujet. Ils proposent une comparaison lisible de deux types de modes d'élevage en fonction de leurs principaux enjeux environnementaux. Graphiques directement inspirés de l'étude « Viande : manger moins, manger mieux » du WWF[8] (2019).

8. Disponible gratuitement sur : https://www.wwf.fr/sites/default/files/doc-2020-11/MAJ202011_Etude_Viande-manger-moins-manger-mieux_WWF.pdf

À RETENIR

- La priorité est d'inverser le ratio de protéines animales et végétales : ces dernières deviennent la principale source de protéines dans nos assiettes et la viande ne devient qu'occasionnelle.
- En parallèle et quand on mange de la viande, il est également important de réduire sa consommation des viandes les plus polluantes (viandes de bœuf, de mouton, d'agneau…) et de privilégier autant que possible des viandes certifiées Agriculture biologique.
- Manger *mieux* de la viande ne devrait pas se faire sans en manger avant tout *moins*.

Passer au zéro déchet ou réduire l'avion ?

PASSER AU ZÉRO DÉCHET

$0{,}09$ KG DE CO_2e
ÉVITÉS EN RÉDUISANT SES DÉCHETS,
en moyenne par an[9].

130 KG DE CO_2e :
C'EST LA QUANTITÉ DE GAZ À EFFET DE SERRE
que le traitement des déchets et des eaux usées annuels d'un Français émet en moyenne[10].

LE BON CHOIX — RÉDUIRE/ ARRÊTER L'AVION

270 KG DE CO_2e
ÉVITÉS EN NE PRENANT PLUS L'AVION,
en moyenne par an[11].

420 KG DE CO_2e :
C'EST LA QUANTITÉ DE GAZ À EFFET DE SERRE
que les trajets en avion annuels d'un Français émettent en moyenne[12].

Réduire – voire arrêter – les trajets en avion pour des raisons personnelles
(hors raisons familiales) est parmi les habitudes les plus efficaces que vous puissiez mettre en place dans votre quotidien pour améliorer votre bilan carbone !

9. Source : « Faire sa part ? - Pouvoir et responsabilité des individus, des entreprises et de l'État face à l'urgence climatique », Carbone 4, juin 2019. **10.** Source : « [MyCO2] Empreinte carbone française moyenne : mise à jour 2021 », Carbone 4, 11 mai 2023. **11.** Source : « Faire sa part ? - Pouvoir et responsabilité des individus, des entreprises et de l'État face à l'urgence climatique », Carbone 4, juin 2019. **12.** Source : « [MyCO2] Empreinte carbone française moyenne : mise à jour 2021 », Carbone 4, 11 mai 2023.

Passer au zéro déchet ou arrêter la viande ?

PASSER AU ZÉRO DÉCHET

0,09 TONNE de CO_2e :

C'EST LA QUANTITÉ DE CO_2 ÉVITÉE

en moyenne en un an par l'adoption d'habitudes zéro déchet au quotidien[13].

1,2 %

DE NOTRE EMPREINTE CARBONE

individuelle est en moyenne imputable à nos déchets[14].

La démarche de réduction des déchets est utile pour réduire certains types d'impacts environnementaux de notre quotidien. **Cependant, comparé à d'autres écogestes aux impacts positifs bien plus larges, le zéro déchet ne se révèle pas aussi prioritaire qu'on pourrait le croire.**

ÉCOLO ARRÊTER LA VIANDE

1,12 TONNE de CO_2e :

C'EST LA QUANTITÉ DE CO_2 ÉVITÉE

en moyenne par le remplacement total de la viande et du poisson par des protéines végétales[15].

9,2 %

DE NOTRE EMPREINTE CARBONE

individuelle est en moyenne imputable à notre consommation de viande[16].

À choisir, il est donc plus efficace de remplacer la viande par des protéines végétales que d'acheter en vrac, passer au lavable et s'acheter une gourde.

---

13. Source : « Faire sa part ? Pouvoir et responsabilité des individus, des entreprises et de l'État face à l'urgence climatique », Carbone 4, juin 2019.
14. Source : « MyCO2 présente un nouveau calcul de l'empreinte carbone personnelle », Carbone 4, communiqué de presse du 11 janvier 2022.
15. Source : « Faire sa part ? Pouvoir et responsabilité des individus, des entreprises et de l'État face à l'urgence climatique », Carbone 4, juin 2019.
16. Source : « MyCO2 présente un nouveau calcul de l'empreinte carbone personnelle », Carbone 4, communiqué de presse du 11 janvier 2022.

Prendre plus le vélo ou équiper sa maison d'ampoules LED ?

PRENDRE PLUS LE VÉLO

320 KG de CO_2e
ÉVITÉS PAR AN

en prenant le vélo pour les trajets courts du quotidien en milieu urbain (comparé à la voiture)[17].

Un trajet de 3 km émet :

0 G DE CO_2e
À VÉLO,

30 G DE CO_2e
À VÉLO À ASSISTANCE ÉLECTRIQUE,

70 G DE CO_2e
À TROTTINETTE ÉLECTRIQUE,

310 G DE CO_2e
EN VOITURE ÉLECTRIQUE,

650 G DE CO_2e
EN VOITURE THERMIQUE[18].

ÉQUIPER SA MAISON D'AMPOULES LED

20 KG de CO_2e
ÉVITÉS PAR AN

en remplaçant toutes ses ampoules par des ampoules LED[19].

Bien que s'équiper d'ampoules basse consommation soit intéressant pour réduire (légèrement) sa consommation d'électricité, il ne faut pas en surestimer l'efficacité.

L'éclairage ne représente en moyenne que 5,6 % de la consommation d'électricité annuelle d'un foyer[20].

Ce geste n'est donc pas suffisant pour faire une réelle différence sur son bilan carbone.

17. Source : « Faire sa part ? - Pouvoir et responsabilité des individus, des entreprises et de l'État face à l'urgence climatique », Carbone 4, juin 2019. **18.** Source : www.impactco2.fr (ADEME) **19.** Source : « Faire sa part ? - Pouvoir et responsabilité des individus, des entreprises et de l'État face à l'urgence climatique », Carbone 4, juin 2019. **20.** Source : « Comment se répartit ma consommation électrique EDF ? », EDF Particulier.

Bilan carbone : manger local ou changer de banque ?

MANGER LOCAL

117 KG DE CO_2e
SEULEMENT ÉVITÉS PAR AN
en mangeant entièrement local[21].

5 %
SEULEMENT DES GAZ À EFFET DE SERRE
émis par le système alimentaire mondial sont imputables au transport des denrées[22].

ÉCOLO — CHANGER DE BANQUE

3,7 TONNES DE CO_2e :
C'EST LA QUANTITÉ
de gaz à effet de serre évités chaque année en changeant de banque (15 000 € en compte courant et épargne passés de BNP Paribas à la Banque Postale)[23].

8 FOIS
LES ÉMISSIONS DE CO_2
de la France : ce serait l'empreinte carbone des grandes banques françaises dans le monde[24] ! En cause, les investissements massifs que ces banques réalisent avec l'argent de leurs clients dans le pétrole et le gaz. Les trois principaux soutiens européens aux développeurs d'énergies fossiles sont le Crédit Agricole, BNP Paribas et la Société Générale[25]. Certaines banques réalisent des investissements moins polluants, comme le Crédit Coopératif, le Crédit Mutuel, Helios ou la Banque Postale (découvrez-les sur le site www. change-de-banque.org). Changer de banque est l'un des écogestes les plus efficaces !

21. Source : « Faire sa part ? - Pouvoir et responsabilité des individus, des entreprises et de l'État face à l'urgence climatique », Carbone 4, juin 2019. **22.** Source : « "Manger local" permet-il de réduire les impacts environnementaux de son alimentation ? », Réseau Action Climat, 19 mai 2021 ; basé sur M. Crippa *et al.*, *op. cit.* **23.** Source : « Calculez l'empreinte carbone de vos comptes bancaires », Oxfam. **24.** Source : « Banques : des engagements climat à prendre au 4e degré », Oxfam, 27 octobre 2020. **25.** Source : « Écologie : pourquoi nous dit-on souvent de changer de banque ? », L'Info Durable, – 21 août 2023.

CHAPITRE 02

Pour réduire ses déchets

Cuisiner ses épluchures ou réparer ses objets ?

CUISINER SES ÉPLUCHURES

ÉCOLO RÉPARER SES OBJETS

PEUT-ON VRAIMENT CONSOMMER NOS ÉPLUCHURES ?

Les épluchures concentrent une grande partie des pesticides présents dans votre fruit ou votre légume. S'il n'est pas certifié biologique, il vaut donc mieux éviter de les consommer. S'il est biologique, il reste essentiel de bien le laver à l'eau à l'aide d'une brosse.

POURQUOI LES CUISINER SÉPARÉMENT ?

Pourquoi cuisiner ses épluchures séparément ? Manger directement les légumes, comme les carottes ou les pommes de terre, avec leur peau semble à la fois plus simple et plus rapide, tout en conservant leurs nutriments !

90 KG DE CO_2e ÉCONOMISÉS

par la réparation d'une TV tombée en panne à demi-vie, soit l'équivalent de 350 km en voiture[26].

Allonger la durée de vie de nos appareils – surtout électriques – permet à la fois d'éviter le traitement de déchets polluants et la fabrication d'un nouvel appareil.

Il s'agit d'une action extrêmement efficace pour réduire son empreinte environnementale.

26. Source : «Allonger la durée d'usage des objets : un gain pour la planète et pour le porte-monnaie», ADEME, communiqué de presse du 10 juin 2020.

Acheter en vrac ou acheter anti-gaspi ?

Par « acheter anti-gaspi », nous faisons référence aux épiceries anti-gaspi (en ligne ou en physique, comme NOUS anti-gaspi ou Willy anti-gaspi proposant à la vente des produits parfaitement consommables et pourtant destinés à la destruction ou à la valorisation, en raison par exemple d'une date courte, d'un emballage abîmé ou d'un aspect esthétiquement imparfait) et aux invendus de petits commerçants récupérés sur des applis mobile comme Too Good To Go ou Phenix.

ACHETER EN VRAC

0,6 %

DES IMPACTS

environnementaux d'un steak haché sont imputables à son emballage[27].

Acheter un steak haché en vrac (chez un boucher dans son propre contenant réutilisable, par exemple), permet d'éviter des impacts, certes visibles pour nos yeux de consommateurs, mais en réalité minimes.

ACHETER ANTI-GASPI

97 %

DES IMPACTS

environnementaux d'un steak haché sont imputables à sa production agricole[28].

Acheter un steak haché initialement destiné à être détruit (erreur de livraison, erreur d'emballage, date courte…) permet d'éviter que ces impacts environnementaux aient été vains.

Les produits récupérés par les épiceries anti-gaspi sont souvent très emballés. Mais cela pose-t-il vraiment problème ? Pas vraiment, car ces produits étaient destinés à être entièrement jetés.

Mieux vaut donc largement éviter le gaspillage non seulement de ces emballages, mais surtout de leurs aliments eux-mêmes !

27. Source : Agribalyse 3.1.1 (ADEME). **28.** Source : Agribalyse 3.1.1 (ADEME).

Acheter un maximum d'occasion...

ÉCOLO

1302 KG:
C'EST LA QUANTITÉ DE DÉCHETS

évités en moyenne en achetant un simple congélateur d'occasion (ou reconditionné) plutôt que neuf.

C'est :

100 KG
POUR 4 CHAISES EN BOIS,

798 KG
POUR UNE ARMOIRE,

28 KG
POUR UNE RAQUETTE DE TENNIS,

110 KG
POUR UN MANTEAU,

66 KG
POUR UNE ROBE,

561 KG
POUR UN GRILLE-PAIN,

479 KG
POUR UN ROBOT CULINAIRE MULTIFONCTION,

1587 KG
POUR UNE IMPRIMANTE LASER,

2106 KG
POUR UN LAVE-LINGE,

2376 KG
POUR UNE TÉLÉVISION (DE MOINS DE 40")[29].

Le zéro déchet, c'est avant tout réduire nos déchets les plus massifs et polluants, qui sont souvent les moins visibles.

29. Source : www.riendeneuf.org

... ou passer aux objets lavables ?

Remplacer les cotons démaquillants, les sachets congélation, les cotons-tiges, les essuie-tout ou encore les serviettes hygiéniques par leurs versions lavables.

525 KG :

C'EST LA QUANTITÉ MOYENNE

de toutes les ordures ménagères (objets à usage unique, emballages, déchets alimentaires…) qu'un Français jette en moyenne chaque année[30].

Ils représentent

10 %

DES DÉCHETS PRODUITS EN FRANCE[31].

Les objets à usage unique gagnent à être remplacés – au moins en partie – par leurs versions lavables, plus écologiques (et plus économiques). Mais, compte tenu des ordres de grandeur, passer au 100 % lavable en continuant à acheter de nombreux objets neufs (vêtements, électronique, électroménager…) n'aurait que peu de sens.

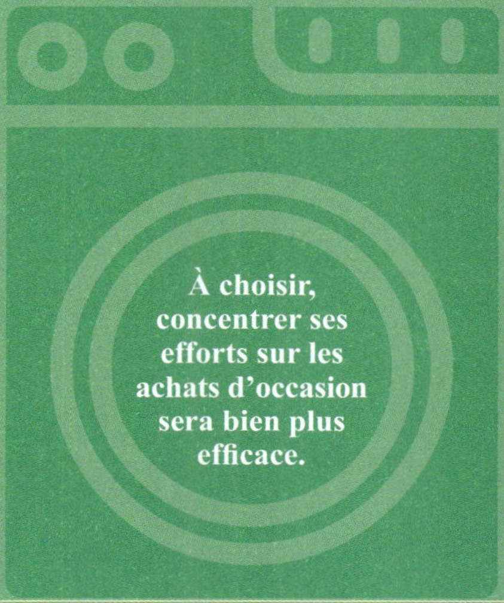

30. Chiffre pour 2019. Il concerne les ordures ménagères et assimilées, c'est-à-dire la totalité des déchets des ménages et des activités économiques pris en charge par le service public. Source : « Les déchets produits par les ménages », Notre-environnement (portail créé par l'État français), 11 janvier 2023. **31.** Source : « Les déchets produits par les ménages », Notre-environnement, 11 janvier 2023.

D'OÙ VIENNENT VRAIMENT NOS DÉCHETS ?

DÉCHETS VISIBLES

Nos ordures ménagères (déchets alimentaires, emballages, objets à usage unique…)

DÉCHETS INVISIBLES

Déchets liés à la fabrication de nos objets (terres excavées pour extraire des minerais pour des objets électriques, eaux de rinçage hautement polluées pour leur transformation chimique, résidus de teinture chimique de textiles, boues rejetées lors de la fabrication de pâte à papier…)

À RETENIR

- Nos poubelles ne sont qu'une infime partie des déchets que nous produisons.
- Nos déchets les plus nombreux (et souvent les plus polluants) proviennent de la fabrication des objets neufs que nous achetons.
- Se concentrer uniquement sur nos déchets visibles (emballages, objets jetables…) nous ferait passer à côté de déchets bien plus polluants.
- Réduire nos achats neufs (surtout de produits électriques, de loin les plus polluants à produire) est probablement l'action zéro déchet la plus efficace !

Acheter moins d'objets électriques neufs ou moins d'emballages ?

ACHETER MOINS D'OBJETS ÉLECTRIQUES NEUFS (ÉCOLO)	ACHETER MOINS D'EMBALLAGES

ACHETER MOINS D'OBJETS ÉLECTRIQUES NEUFS

ÉCOLO

160 KG DE CO_2e ÉVITÉS PAR AN

en n'achetant que des produits électroménagers et high-tech d'occasion (entre particuliers ou reconditionnés par un professionnel)[32].

221 KG
DE MATIÈRES MOBILISÉES POUR LA FABRICATION D'UN SMARTPHONE NEUF.

420 KG
POUR UNE TABLETTE NUMÉRIQUE NEUVE.

2108 KG
POUR UN MICRO-ONDES NEUF.

2 251 KG
POUR UNE TÉLÉVISION NEUVE.

2 915 KG
POUR UN FOUR NEUF[33].

ACHETER MOINS D'EMBALLAGES

90 KG DE CO_2e ÉVITÉS PAR AN

en achetant uniquement des aliments et biens sans emballages[34].

5 %
SEULEMENT

des impacts environnementaux de nos aliments sont dus à leurs emballages[35].

D'un point de vue environnemental, acheter moins emballé présente une efficacité très limitée. Il s'agit donc d'un petit plus lorsque vous le faites.

Cette action n'est pas suffisante à elle seule pour faire réellement la différence sur votre bilan carbone.

32. Source : « Faire sa part ? - Pouvoir et responsabilité des individus, des entreprises et de l'État face à l'urgence climatique », Carbone 4, juin 2019. **33.** Source : www.riendeneuf.org **34.** Source : « Faire sa part ? - Pouvoir et responsabilité des individus, des entreprises et de l'État face à l'urgence climatique », Carbone 4, juin 2019. **35.** Source : Rapport « Less Food Loss and Waste, Less Packaging Waste », National Zero Waste Council (Metro Vancouver), mars 2020.

CHAPITRE 03

Pour réduire sa consommation d'eau et d'électricité

Fermer le robinet en se lavant les mains ou acheter moins de vêtements neufs ?

Précisons ici que cette page n'a évidemment pas vocation à inciter à ne pas fermer le robinet d'eau lorsque vous vous lavez les mains. Il s'agit plutôt d'expliquer que ce type de gestes ne suffit pas lorsqu'on souhaite réduire sa consommation d'eau pour protéger la planète, et que s'attaquer à des sources de consommation d'eau massives mais moins évidentes (comme la production de textiles neufs) est indispensable.

FERMER LE ROBINET

JUSQU'À 12 LITRES D'EAU PAR MINUTE :

c'est la quantité d'eau que ce geste permet d'économiser[36].

ACHETER MOINS DE VÊTEMENTS NEUFS

LE BON CHOIX

2 700 LITRES : C'EST LA QUANTITÉ D'EAU

consommée pour la fabrication d'un seul t-shirt neuf en coton[37].

Le secteur du textile est la

3e PLUS GRANDE CAUSE

de dégradation de l'eau dans le monde.

20 %

DE LA POLLUTION DE L'EAU

potable dans le monde est due à la production de textile (principalement en raison des teintures et autres produits de finitions)[38].

36. Source : « Éteignez le robinet en vous lavant les dents pour économiser de l'eau et réduire votre consommation d'eau », Service d'eau. **37.** Source : « What if fashion were good for the planet? », Lieve Van Woensel et Sara Suna Lipp, European Parliamentary Research Service, septembre 2020.
38. Source : « Production et déchets textiles : les impacts sur l'environnement (infographies) », Parlement européen, 29 décembre 2020.

Éteindre les lumières ou baisser la température de son chauffe-eau ?

Précisons ici que cette page n'a évidemment pas vocation à inciter à ne pas éteindre les lumières lorsque cela est possible. Il s'agit plutôt d'expliquer que ce type de gestes ne suffit pas lorsqu'on souhaite réduire sa consommation d'électricité pour protéger la planète, car leur efficacité est bien plus minime qu'on le pense.

ÉTEINDRE LES LUMIÈRES

65 KWH
ÉCONOMISÉS PAR AN

si vous utilisez 2 heures de moins par jour quatre ampoules de 25 W chacune.

BAISSER SON CHAUFFE-EAU

LE BON CHOIX

205 KWH
ÉCONOMISÉS PAR AN

grâce à ce geste[39].

Régler son chauffe-eau à 55 °C permet en moyenne de réduire la consommation d'électricité de l'appareil de 10 %[40].

BON À SAVOIR :
Réglez le thermostat de votre chauffe-eau à 50 ou 55 °C pour limiter les risques de brûlure, la consommation d'énergie et l'accumulation de calcaire. En revanche, ne descendez pas en dessous, pour éviter les risques de développement de bactéries pathogènes[41].

39. C'est-à-dire 10 % de la consommation moyenne annuelle d'un chauffe-eau, évaluée à 2 054 kWh (selon ENGIE : « Consommation électrique moyenne selon votre superficie : comment la calculer ? », 29 février 2024). **40.** Source : Campagne « Pour économiser l'énergie, on agit, on réduit », ministère [français] de la Transition écologique, 5 octobre 2022. **41.** Source : « Chauffe-eau : comment éviter les surconsommations ? », ADEME.

Mettre un couvercle sur les casseroles ou baisser le chauffage ?

METTRE UN COUVERCLE SUR LES CASSEROLES

ÉCOLO

BAISSER LE CHAUFFAGE

12 KWH ÉCONOMISÉS PAR AN

en mettant un couvercle sur les casseroles (pour faire bouillir un litre d'eau par jour sur une plaque de cuisson électrique)[42].

616 KWH ÉCONOMISÉS PAR AN

en baissant de 1 °C ses radiateurs (pour un logement de 80 m²)[43].

Baisser un radiateur d'un seul degré Celsius permet de baisser de 7 % sa consommation d'électricité, en moyenne[44].

42. Mettre un couvercle sur une casserole pour faire bouillir de l'eau ou cuire un plat fait économiser en moyenne 25 % d'énergie (source : « 20 solutions pour réduire sa consommation d'électricité », ADEME, 13 octobre 2023). Faire chauffer un litre d'eau sur une plaque de cuisson électrique consomme environ 0,33 kWh. **43.** La consommation annuelle moyenne d'un chauffage électrique s'élève à 110 kWh par m² (source : « Quel est le coût du chauffage électrique pour une maison de 120 m² ? », TotalEnergies). **44.** Source : « Comment mieux se chauffer ? », ADEME.

Baisser le chauffage ou équiper sa maison d'ampoules LED ?

LE BON CHOIX

BAISSER LE CHAUFFAGE	ÉQUIPER SA MAISON D'AMPOULES LED
160 KG DE CO_2e ÉVITÉS PAR AN en baissant la température de son logement (scénario d'une baisse de 20 % de la consommation de son chauffage)[45].	**20 KG DE CO_2e ÉVITÉS PAR AN** en remplaçant toutes ses ampoules par des ampoules LED[47].
62 % DE LA CONSOMMATION ÉLECTRIQUE d'un foyer français est en moyenne imputable au chauffage[46].	

45. Source : « Faire sa part ? - Pouvoir et responsabilité des individus, des entreprises et de l'État face à l'urgence climatique », Carbone 4, juin 2019. 46. Source : « Consommation électrique moyenne selon votre superficie : comment la calculer ? », ENGIE, 29 février 2024. 47. Source : « Faire sa part ? - Pouvoir et responsabilité des individus, des entreprises et de l'État face à l'urgence climatique », Carbone 4, juin 2019.

CHAPITRE 04

Pour réduire sa pollution numérique

Envoyer moins d'e-mails ou éviter l'achat d'une tablette numérique ?

ENVOYER MOINS D'E-MAILS

1,23 KG
DE CO_2e:
C'EST LA QUANTITÉ
de gaz à effet de serre émis par l'envoi de 1 000 e-mails contenant chacun une pièce jointe de 1 Mo[48].

Nos e-mails sont très légers sur le réseau, surtout s'ils n'ont pas de pièces jointes lourdes. Ils ne sont donc pas une priorité lorsque vous souhaitez réduire votre pollution numérique.

ÉVITER L'ACHAT D'UNE TABLETTE NUMÉRIQUE

ÉCOLO

61,9 KG
DE CO_2e:
C'EST LA QUANTITÉ
de gaz à effet de serre émis par la fabrication d'une tablette numérique.

78 %
DE L'IMPACT ENVIRONNEMENTAL
du numérique sur les émissions de gaz à effet de serre est lié à l'étape de fabrication de nos terminaux (ordinateurs, smartphones, tablettes…)[49].

48. Source : www.impactco2.fr **49.** Source : « Numérique : quel impact environnemental ? », ADEME Infos, avril 2022.

Toutes les alternatives à l'achat neuf d'un ordinateur/tablette/smartphone sont donc les actions les plus efficaces pour réduire sa pollution numérique :

QUESTIONNER

SES BESOINS

(« Une tablette numérique ne répondrait-elle pas aux besoins auxquels mon ordinateur et mon téléphone répondent déjà ? ») ;

RÉPARER

LES APPAREILS QU'ON POSSÈDE DÉJÀ ;

NE PAS CÉDER

À L'IMPRESSION D'OBSOLESCENCE

(la sortie permanente de nouveaux modèles de smartphones donne une – fausse – impression que les modèles précédents sont obsolètes) ;

ACHETER

DES APPAREILS RECONDITIONNÉS

(c'est-à-dire des appareils d'occasion vendus par des professionnels, testés, réparés si besoin et couverts par la garantie légale de conformité de 2 ans en France au même titre qu'un objet neuf).

À RETENIR

- Les écogestes autour des e-mails ont une efficacité très limitée.
- Réduire sa pollution numérique, c'est avant tout réduire ses achats neufs de terminaux (smartphones, ordinateurs, tablettes, montres connectées…).

Envoyer moins de pièces jointes ou rallonger la durée de vie de son ordinateur ?

ENVOYER MOINS DE PIÈCES JOINTES

0,55 KG de CO_2e : C'EST LA QUANTITÉ de gaz à effet de serre évitée lorsque vous décidez de ne pas envoyer 100 e-mails ayant chacun une pièce jointe de 5 Mo.

RALLONGER LA DURÉE DE VIE DE SON ORDINATEUR

LE BON CHOIX

183 KG de CO_2e : C'EST LA QUANTITÉ de gaz à effet de serre émise par la fabrication d'un nouvel ordinateur portable[50].

PASSER DE 2 À 4 ANS LA DURÉE D'USAGE d'un ordinateur améliore de 50 % son bilan environnemental[51].

La fabrication d'un ordinateur portable mobilise en moyenne 800 kg de matières premières[52].

50. Source : www.impactco2.fr 51. Source : « Matériel informatique : place à la sobriété », ADEME, 6 août 2020. 52. Idem.

Trier ses e-mails ou regarder des vidéos en définition plus basse ?

TRIER SES E-MAILS

1,23 KG de CO_2e :

C'EST LA QUANTITÉ

de gaz à effet de serre émise par 1 000 e-mails contenant chacun une pièce jointe de 1 Mo[53].

REGARDER DES VIDÉOS EN DÉFINITION PLUS BASSE

LE BON CHOIX

17,8 KG de CO_2e :

C'EST LA QUANTITÉ

de gaz à effet de serre que vous évitez chaque année en regardant 6 heures de vidéo par semaine en basse définition plutôt qu'en haute définition (depuis un smartphone en 4G)[54].

Les vidéos (*streaming*, appels vidéo…) représentent 80 % des données consommées sur internet[55].

Si 70 millions de citoyens abaissaient la qualité de diffusion des vidéos qu'ils visionnent, ce serait 3,5 millions de tonnes de CO_2 qui seraient évitées chaque mois, soit l'équivalent de 6 % de la production de charbon des États-Unis[56].

53. Source : www.impactco2.fr **54.** Idem. **55.** Source : « Climat : l'insoutenable usage de la vidéo en ligne », The Shift Project, juillet 2019. **56.** Source : « Réduire son empreinte carbone numérique : les bonnes pratiques à adopter », ministère [français] de la Transformation et de la Fonction publiques, 7 septembre 2022.

CHAPITRE 05

Pour adopter une mode plus responsable

EX AEQUO !

Acheter moins...

UNE PERSONNE ACHÈTE EN MOYENNE 40 % DE VÊTEMENTS EN PLUS QU'IL Y A 15 ANS...

... ET LES CONSERVE MOITIÉ MOINS LONGTEMPS[57].

Avec la fast-fashion, on est passé de

2 COLLECTIONS
PAR AN EN 2000

à

24 COLLECTIONS
DANS CERTAINS MAGASINS,

voire de nouveaux modèles tous les jours sur certaines plateformes en ligne.

715 000 TONNES
DE TEXTILES ET CHAUSSURES
sont mis en vente chaque année en France…
… soit plus de 10 kg par personne et par an[58].

57. Source : « Revers de mon look - Quels impacts ont mes vêtements et mes chaussures sur la planète ? », ADEME, juillet 2022. **58.** Idem.

... ou acheter mieux ?

EX AEQUO!

4 MILLIARDS DE TONNES DE GAZ À EFFET DE SERRE...

... SONT ÉMIS DANS LE MONDE PAR LES VÊTEMENTS ET CHAUSSURES CHAQUE ANNÉE.

C'est plus que tous les vols internationaux et le trafic maritime réunis[59].

Un jean est souvent…

... FABRIQUÉ
À PARTIR DE COTON CULTIVÉ EN INDE OU EN AFRIQUE,

PUIS TEINT
DANS UN AUTRE PAYS,

RENVOYÉ
EN ASIE POUR SON ASSEMBLAGE

ET ENFIN,
VENDU
EN FRANCE ET DANS LE MONDE.

Acheter des vêtements plus écologiques ne suffit pas. Pour une mode plus éthique, il est indispensable d'en acheter moins aussi.

59. Idem.

PARTIE 2

Enfin savoir quel produit choisir !

CHAPITRE 06

Quand on veut manger plus durable

Café ou thé ?

LE BON CHOIX

CAFÉ	THÉ
0,59 KG de CO_2e PAR LITRE DE CAFÉ LONG (café à partir de café moulu sans capsules ; sucre et lait non inclus)[60].	**0,04 KG de CO_2e PAR LITRE DE THÉ** (thé infusé ; sucre et lait non inclus).

CAFÉ

0,59 KG
de CO_2e
PAR LITRE DE CAFÉ LONG

(café à partir de café moulu sans capsules ; sucre et lait non inclus)[60].

11 FOIS PLUS
D'IMPACTS ENVIRONNEMENTAUX POUR UNE TASSE DE CAFÉ LONG...
... que pour une tasse de thé[61].

Entre sa grande consommation d'eau (irrigation et rinçage du café), sa monoculture, la grande utilisation d'intrants (pesticides et engrais) ou encore la déforestation souvent réalisée pour sa plantation, le café n'est pas la boisson la plus écolo du monde.

THÉ

0,04 KG
de CO_2e
PAR LITRE DE THÉ

(thé infusé ; sucre et lait non inclus).

Loin d'être exemplaire, la culture (et transformation) du thé présente néanmoins une empreinte environnementale en moyenne plus légère.

Pour aller plus loin

MIEUX CHOISIR SON THÉ OU SON CAFÉ

Pour réduire les principales sources d'impacts du café/thé (sa culture et sa transformation), si vous le pouvez, privilégiez en priorité un café/thé certifié biologique (et si possible équitable).

AB AGRICULTURE BIOLOGIQUE + PRODUCTEURS PAYSANS · COMMERCE ÉQUITABLE · SPP ou FAIRTRADE MAX HAVELAAR FRANCE ou fair for life commerce équitable ou ÉQUITABLE & BIO BIOPARTENAIRE ou WORLD FAIR TRADE ORGANIZATION

60. Source : Agribalyse 3.1.1 (ADEME). **61.** Ce chiffre est une moyenne se basant sur la méthodologie européenne PEF (Product Environmental Footprint), visant à évaluer l'impact environnemental d'un produit en mesurant et pondérant 16 indicateurs environnementaux (changement climatique, consommation d'eau, utilisation des sols, utilisation de substances toxiques pour l'être humain, écotoxicité…). Source : Agribalyse 3.1.1 (ADEME).

Œufs ou viande ?

LE BON CHOIX

ŒUFS	VIANDE

ŒUFS

4,21 KG DE CO_2e
POUR 100 G
de protéines d'œuf (moyenne, voir la différence d'impacts entre les œufs bio et non bio à la page 57).

D'autres sources de protéines sont encore plus écologiques, comme les légumineuses (lentilles, pois chiches, haricots secs…), qui n'émettent en moyenne que 0,84 kg de CO_2e pour 100 g de protéines.

On vous en dit plus à la page suivante !

VIANDE

7,21 KG DE CO_2e
POUR 100 G
de protéines de viande de porc[62].

Par rapport à une omelette :
(Pour les mêmes quantités dans l'assiette)

1,6 FOIS PLUS D'IMPACTS ENVIRONNEMENTAUX AVEC DU BLANC DE POULET ;

1,8 FOIS PLUS AVEC DU JAMBON DE PORC ;

6 FOIS PLUS AVEC DU STEAK HACHÉ ;

8,5 FOIS PLUS AVEC DE LA CÔTELETTE D'AGNEAU[63].

Pourquoi les viandes polluent-elles autant ? Comprenez tout à la page 82.

LES ŒUFS ET LES PRODUITS LAITIERS = 25 % de ce que nous mangeons (en poids)… et représentent 16 % des émissions de CO_2 de notre alimentation.

LA VIANDE = 8 % de ce que nous mangeons… et représente 59 % des émissions de CO_2 de notre alimentation[64] !

62. Source : www.ourworldindata.org, basé sur J. Poore et T. Nemecek., « Reducing food's environmental impacts through producers and consumers », Science, 2018. **63.** Ces chiffres sont des moyennes se basant sur la méthodologie européenne PEF (Product Environmental Footprint), visant à évaluer l'impact environnemental d'un produit en mesurant et pondérant 16 indicateurs environnementaux (changement climatique, consommation d'eau, utilisation des sols, utilisation de substances toxiques pour l'être humain, écotoxicité…). PEF utilisés ici : œufs 0,54/kg ; blanc de poulet 0,88/kg ; jambon de porc 0,97/kg ; steak haché de bœuf 3,22/kg ; côtelette d'agneau 4,59/kg. Source : Agribalyse 3.1.1 (ADEME). **64.** Source : https://librairie.ademe.fr/consommer-autrement/6174-empreinte-carbone-et-sol-de-la-phase-agricole-de-l-alimentation-des-francais.html

LES ÉMISSIONS DE GAZ À EFFET DE SERRE POUR 100 G DE PROTÉINES[65]

(en kilogrammes d'équivalents CO_2)

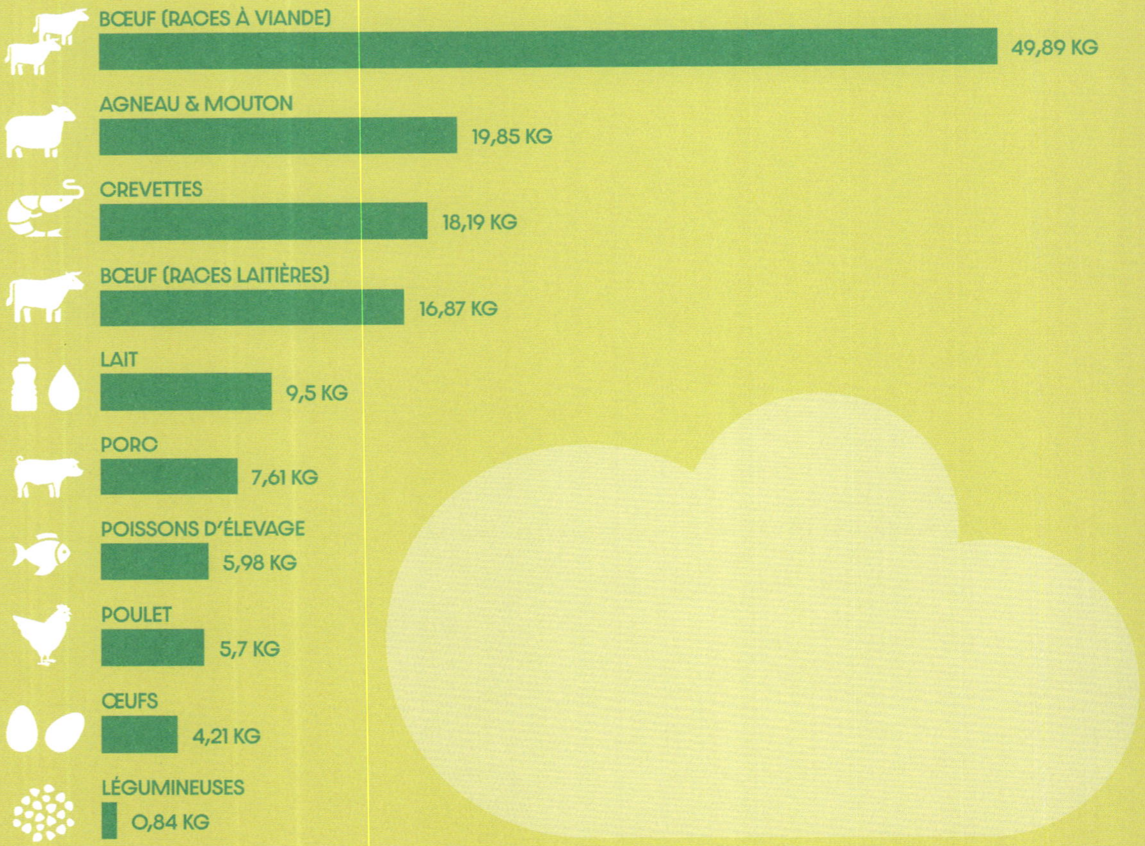

OUI, MAIS...

Certains œufs sont plus polluants que d'autres. Ainsi, une douzaine d'œufs d'un élevage intensif émet en moyenne 2,5 kg de CO_2e, soit autant que du poulet ou du lait de vache[66].
La principale raison : l'alimentation donnée aux poules, souvent composée de soja et d'huile de palme de cultures intensives.

65. Source : www.ourworldindata.org, basé sur J. Poore et T. Nemecek, *op. cit.* **66.** Source : https://www.sciencedirect.com/science/article/abs/pii/S0959652618300751?via%3Dihub

Pour aller plus loin

QUELLES SONT LES DIFFÉRENCES ENTRE LES DIFFÉRENTS TYPES D'ŒUFS ?

	ŒUFS DE BATTERIE (CODE 3)	ŒUFS AU SOL (CODE 2)	ŒUFS « PLEIN AIR » (CODE 1)	ŒUFS LABEL ROUGE (CODE 1)	ŒUFS BIOLOGIQUES (CODE 0)
ALIMENTATION DONNÉE AUX POULES (l'élément qui détermine le plus l'impact environnemental des œufs)	Pas d'exigence écologique	Pas d'exigence écologique	Pas d'exigence écologique	Pas d'exigence écologique	Aliments cultivés à 95 % en agriculture certifiée biologique
LES POULES SONT-ELLES EN CAGE ?	Oui	Non	Non	Non	Non
LES POULES ONT-ELLES ACCÈS À L'EXTÉRIEUR ?	Non	Non	Oui	Oui (avec végétation)	Oui (avec végétation)
DENSITÉ (EN BÂTIMENT)	750 cm²/poule (soit un tout petit peu plus que la surface d'une feuille A4)	9 poules/m²	9 poules/m²	9 poules/m²	6 poules/m²
NOMBRE DE POULES PAR SALLE	Aucune limite (en général 50 000 à 100 000 par bâtiment)	Aucune limite (en général jusqu'à 20 000 par bâtiment)	Aucune limite (en général jusqu'à 15 000 poules par bâtiment)	6 000 par salle	3 000 par salle
BREF...	À éviter		À limiter		À privilégier autant que possible

À RETENIR

- Les œufs sont des sources de protéines en moyenne plus écologiques que les viandes, y compris les moins polluantes.
- Mieux vaut choisir autant que possible des œufs certifiés biologiques, autant pour les impacts écologiques que pour les conditions de vie des poules.

« Lait » de soja ou lait de vache ?

LE BON CHOIX

« LAIT » DE SOJA

0,45 KG de CO_2e PAR LITRE

(moyenne, pour un litre de boisson végétale de soja fortifiée en calcium)[67].

2,4 FOIS MOINS D'IMPACTS ENVIRONNEMENTAUX[68]

(gaz à effet de serre, pollutions, utilisations des sols…) pour une boisson végétale de soja qu'un lait de vache.

Le verre de boisson de soja a également l'avantage de ne présenter aucune préoccupation liée aux conditions de vie de vaches et de veaux.

LAIT DE VACHE

1,31 KG de CO_2e PAR LITRE

(moyenne, pour un litre de lait demi-écrémé pasteurisé)[69].

628 LITRES D'EAU SONT EN MOYENNE NÉCESSAIRES

pour produire un seul litre de lait de vache.

9 FOIS PLUS DE SURFACES AGRICOLES

sont mobilisées pour produire du lait de vache que tout autre « lait » végétal[70].

POURQUOI ?

Les vaches elles-mêmes, par leurs rots et leurs excréments, émettent de grandes quantités de gaz à effet de serre. Mais la majorité des impacts cités ci-dessus provient en réalité de la production de leur alimentation (soja, maïs, blé…), massive en comparaison avec la quantité de produit fini (le lait) obtenu. On vous détaille tout à la page 60.

67. Source : Agribalyse 3.1.1 (ADEME). **68.** Ces chiffres sont des moyennes se basant sur la méthodologie européenne PEF (Product Environmental Footprint), visant à évaluer l'impact environnemental d'un produit en mesurant et pondérant 16 indicateurs environnementaux (changement climatique, consommation d'eau, utilisation des sols, utilisation de substances toxiques pour l'être humain, écotoxicité…). PEF utilisés ici : boisson de soja fortifiée en calcium 0,05 ; lait de vache demi-écrémé pasteurisé 0,12. Plus les impacts environnementaux sont lourds, plus le score est élevé. Source : Agribalyse 3.1.1 (ADEME). **69.** Source : Agribalyse 3.1.1 (ADEME). **70.** Moyennes mondiales. Source : J. Poore et T. Nemecek, *op. cit.*

OUI, MAIS…

Sur le plan nutritionnel, le lait de vache est en revanche le grand gagnant. Les boissons végétales présentent très peu de protéines ou de calcium, à l'exception de la boisson de soja – relativement riche en protéines – et des boissons végétales artificiellement fortifiées en calcium.

Alors pourquoi les avoir comparés ? Nous les comparons ici sur le plan de l'utilisation culinaire (« Si je veux me préparer un bol de céréales, quel lait est le plus écolo ? ») et non en termes d'apports nutritionnels (« Quelle source de calcium est la plus écolo ? »). Dans une alimentation principalement ou totalement végétale, les apports en protéines et en calcium se font rarement par les boissons, mais plutôt par les légumineuses (haricots secs, pois chiches…) ou les oléagineux (amandes, noisettes…) entiers. Nous les comparons donc à la viande en page 87.

Pour aller plus loin

« J'ACHÈTE DU LAIT DE VACHE EN BRIQUE CARTON, DONC C'EST BIEN PLUS ÉCOLO ! »

X PLUTÔT FAUX

Bien que les briques carton soient en général légèrement plus écologiques que les bouteilles plastique (découvrez « Brique carton ou bouteille plastique ? » à la page 112), elles n'ont que peu d'importance dans l'exemple du lait. Seuls 12 % des impacts environnementaux de ce dernier sont imputables à son emballage. Sa phase de production agricole – qui représente en moyenne 70 % de ses impacts – est celle qui détermine le plus le bilan écologique de vos bols de céréales.
C'est pour cette raison que la nature du lait (c'est-à-dire s'il est animal ou végétal) est le critère le plus déterminant, loin devant l'emballage ou le transport.

Répartition moyenne des impacts écologiques d'une bouteille de lait de vache demi-écrémé pasteurisé

Source : Agribalyse 3.1.1 (ADEME)

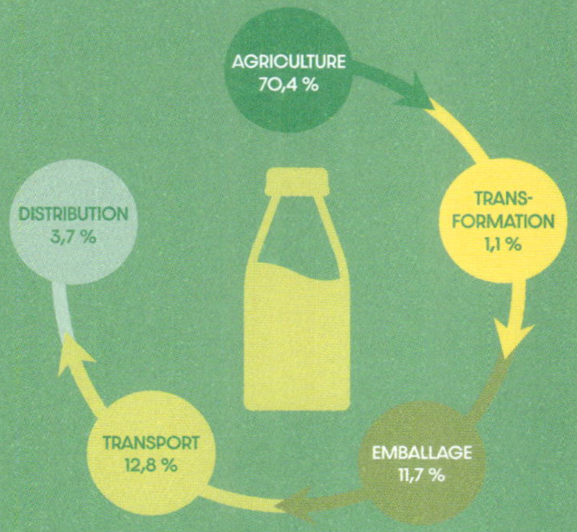

« Le "lait" de soja, ce n'est pas écolo parce que ça déforeste l'Amazonie. »

✗ FAUX

Entre 70 et 90 % du soja produit dans le monde est utilisé pour nourrir les animaux d'élevage[71]. Les lourds impacts des cultures intensives de soja en Amérique du Sud (nécessitant souvent de déforester d'immenses parcelles de forêt) sont donc en grande majorité imputables aux viandes et aux laitages (y compris européens).

Les produits à base de soja que vous achetez en magasins sont, eux, très souvent conçus à base de soja français (ou européen) présentant un bilan environnemental en général bien plus modéré.

« Le "lait" d'amande, ça consomme beaucoup d'eau. »

✓ VRAI

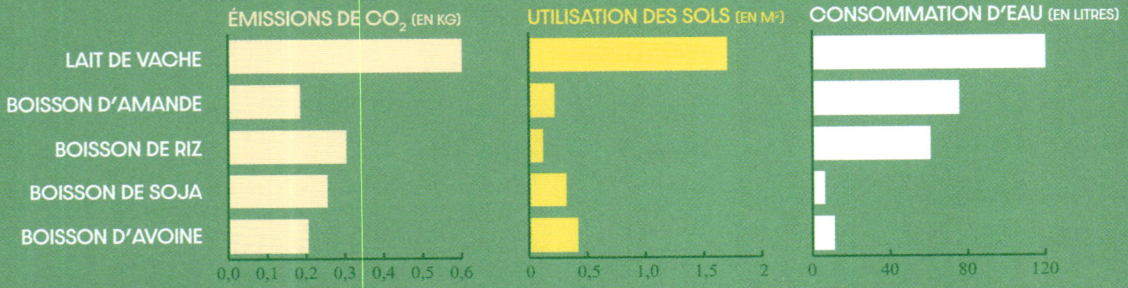

Impacts environnementaux d'un verre de 200 ml de boisson (moyennes mondiales)[72]

La boisson d'amande reste en moyenne bien plus écologique que les laits animaux. Mais s'ils le souhaitent, les perfectionnistes pourront plutôt se tourner vers celle de noisette, dont la culture est moins gourmande en eau.

« Les impacts du lait de vache varient d'un type de lait à l'autre. »

✓ VRAI

Les chiffres que nous avons utilisés ici sont des moyennes mondiales. Il existe certaines variations d'un pays à l'autre ou d'un type de production à l'autre (agriculture biologique ou non, par exemple). Mais les écarts d'impacts environnementaux entre les laits animaux et les boissons végétales sont si nets que ces variations ne remettent pas en question notre conclusion.

À RETENIR

- Un « lait » végétal – quel qu'il soit – est en moyenne bien moins polluant qu'un lait animal, même local, sans emballage ou biologique.
- Gardons toutefois en tête qu'ils ne sont pas interchangeables sur le plan nutritionnel (les sources végétales de protéines et de calcium étant rarement des boissons).

71. Source : « Soja et déforestation », Greenpeace, 2017. Disponible sur : www.greenpeace.fr/soja/#:~:text=Entre%2070%25%20et%2090%25%20de,nourrir%20les%20animaux%20d%27%C3%A9levage **72.** Source : J. Poore et T. Nemecek, *op. cit.*

Bio ou local ?

LE BON CHOIX

AGRICULTURE BIOLOGIQUE

84 %

DES IMPACTS ENVIRONNEMENTAUX DE NOS PRODUITS ALIMENTAIRES

sont imputables à la phase de production agricole[73].

Les critères du label de l'agriculture biologique agissent avant tout sur ces impacts. Ils garantissent notamment :

LA ROTATION DES CULTURES,

L'INTERDICTION D'UTILISER DES INTRANTS DE SYNTHÈSE,

UNE ALIMENTATION BIOLOGIQUE DONNÉE AUX ANIMAUX D'ÉLEVAGE.

On vous dit tout sur le label bio dans les pages 67, 69 et 76 !

LOCAL

5 %

SEULEMENT DES GAZ À EFFET DE SERRE

émis par le système alimentaire mondial sont imputables au transport des denrées[74].

À lui seul, le critère du local est marginal comparé à celui des modes de production.

73. Cette moyenne prend en compte différents types d'impacts environnementaux tout au long du cycle de vie du produit. Source : « "Manger local" permet-il de réduire les impacts environnementaux de son alimentation ? », Réseau Action Climat, 19 mai 2021 ; basé sur Agribalyse 3.0 (ADEME).
74. Source : « "Manger local" permet-il de réduire les impacts environnementaux de son alimentation ? », Réseau Action Climat, 19 mai 2021 ; basé sur M. Crippa *et al.*, *op. cit.*

BIO OU LOCAL ? L'EXEMPLE D'UN BOCAL DE SAUCE BOLOGNAISE

Répartition de ses impacts environnementaux[75]

AGRICULTURE
91,6 %

Le label bio réduit ces impacts.

Pour les tomates : pas d'engrais et pesticides de synthèse utilisés ; rotation des cultures ; mesures de protection de la biodiversité sur la parcelle.

Pour la viande de bœuf : alimentation donnée aux animaux elle-même biologique donc cultivée sans intrants de synthèse ; pas d'élevage hors-sol ; certaines pratiques courantes de mutilation interdites ; limitation du nombre d'animaux par m².
Liste non exhaustive.

TRANSFORMATION
3,9 %

EMBALLAGE
1,6 %

TRANSPORT
1,6 %
Le local permet de réduire la distance parcourue.

DISTRIBUTION
0,7 %

CONSOMMATION
0,5 %

QUE GARANTIT VRAIMENT LE LOCAL ?

Acheter des aliments produits dans votre pays peut permettre notamment de redynamiser le territoire et améliorer sa souveraineté alimentaire. Une production en France ou en Union européenne peut aussi garantir des normes environnementales (et un Code du travail) plus exigeantes que dans d'autres zones du monde.

MAIS ATTENTION. À ELLE SEULE, UNE SIMPLE PROXIMITÉ GÉOGRAPHIQUE NE GARANTIT PAS QUE :

- ✘ **LES MÉTHODES AGRICOLES UTILISÉES SONT RESPECTUEUSES DE L'ENVIRONNEMENT ;**
- ✘ **VOTRE PRODUIT PROVIENT DE PETITS PRODUCTEURS ;**
- ✘ **LES INTERMÉDIAIRES SONT PEU NOMBREUX ;**
- ✘ **LES TRAVAILLEURS SONT MIEUX RÉMUNÉRÉS.**

On vous explique tout à la page 64, car « local » et « circuit court » ne sont pas synonymes !

75. Ce sont des moyennes évaluant l'impact environnemental d'un produit, en mesurant en fonction de 16 indicateurs environnementaux (changement climatique, consommation d'eau, utilisation des sols, utilisation de substances toxiques pour l'être humain, écotoxicité…). Source des chiffres cités : Agribalyse 3.1.1.

Pour aller plus loin

LE BIO EST-IL LOCAL ?

Non, pas nécessairement. Les cahiers des charges du label biologique n'impliquent pas de limitation des distances géographiques parcourues par le produit. L'idéal est d'acheter, dans la mesure du possible, des produits à la fois certifiés biologiques et locaux (comprenez, produits dans votre pays/État, car chercher à consommer de l'ultra-local, c'est-à-dire uniquement de votre département par exemple, serait peu réaliste).

« ORIGINE UE »	Tous les ingrédients de votre produit proviennent de l'Union européenne.
« ORIGINE NON EU »	Aucun ingrédient de votre produit ne provient de l'Union européenne.
« ORIGINE EU/ NON EU »	Une partie seulement des ingrédients provient de l'Union européenne.

QUELLES DIFFÉRENCES ENTRE LE LABEL BIOLOGIQUE EUROPÉEN ET FRANÇAIS ?

AB AGRICULTURE BIOLOGIQUE

MÊMES CRITÈRES

Aucune ! Ils sont maintenant harmonisés et présentent le même cahier des charges. La présence du label français AB ne signifie pas nécessairement que le produit a été cultivé en France.

À RETENIR

- Un aliment peut être local mais avoir été cultivé/élevé via des modes de production agricoles très polluants.
- Le biologique apporte en moyenne plus de garanties environnementales et agit sur des impacts plus lourds que celui du transport.
- L'idéal est de conjuguer le biologique et le local.

Local ou circuit court ?

LOCAL

IL GARANTIT QUE:

- ✓ la provenance géographique est relativement proche ;
- ✓ vous encouragez des emplois locaux et la souveraineté alimentaire du pays.

IL NE GARANTIT PAS QUE:

- ✗ il n'y a pas d'intermédiaires entre le producteur et vous ;
- ✗ les méthodes agricoles utilisées sont plus respectueuses de l'environnement[76] (à la différence du label biologique, par exemple) ;
- ✗ le producteur est mieux rémunéré.

CIRCUIT COURT

LE BON CHOIX

IL GARANTIT QUE:

- ✓ il n'y a pas d'intermédiaires (ou un seul) entre le producteur et vous ;
- ✓ (en général) le producteur est mieux rémunéré ;
- ✓ (en général) l'aliment a été produit localement (il encourage donc les emplois locaux et la souveraineté alimentaire du pays).

IL NE GARANTIT PAS QUE:

- ✗ les méthodes agricoles utilisées sont plus respectueuses de l'environnement (à la différence du label biologique, par exemple).

76. Notons toutefois que, si l'on compare un aliment produit en France et le même aliment produit sur un autre continent, le premier aura l'avantage d'avoir répondu aux normes environnementales françaises et européennes, souvent plus strictes qu'en Asie ou aux États-Unis, par exemple.

Pour aller plus loin

« LE LOCAL, C'EST BEAUCOUP PLUS ÉCOLO, PARCE QU'IL N'Y A PRESQUE PAS DE TRANSPORT ! »

✗ FAUX

D'où viennent les impacts environnementaux de mon yaourt[77] ?

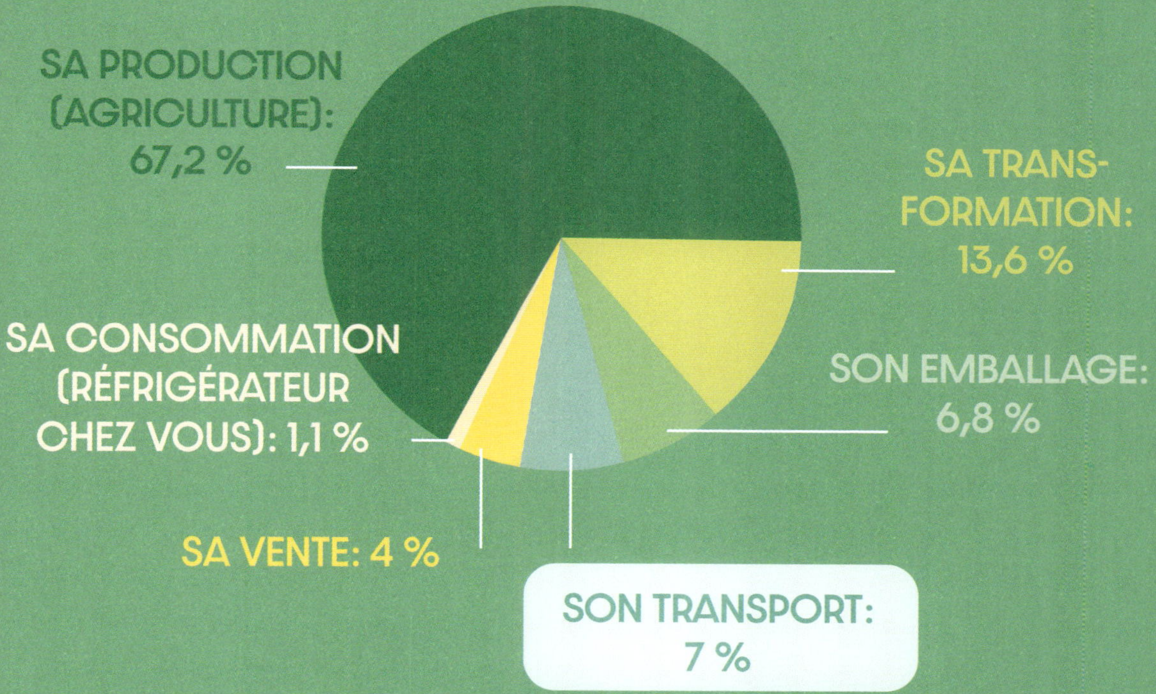

En général, l'étape du ou des transports de nos aliments est bien moins polluante que ce qu'on pense ! Dans l'exemple d'un yaourt nature, elle ne représente en moyenne que 7 % de ses impacts environnementaux. Réduire ces impacts mineurs a donc une efficacité infime si vous souhaitez acheter un yaourt plus écologique. Il faudra alors plutôt se tourner vers la principale source d'impacts : sa production. Grâce au label de l'Agriculture biologique, par exemple (on vous dit tout sur ce label aux pages 67, 69 et 76).

77. Moyennes pour un yaourt à la grecque nature au lait de vache. Source : Agribalyse 3.1.1 (ADEME).

« L'argument du "Made in France" est parfois utilisé pour donner au produit une image très écolo, sans l'être vraiment. »

✓ VRAI

Comme évoqué précédemment, on a tendance à attribuer au local bien plus d'avantages écologiques qu'il n'en a vraiment. Certaines marques et enseignes ne se privent pas de jouer sur cette idée reçue en présentant leurs produits fabriqués en France comme écoresponsables pour cette seule raison.

Et ce, même s'ils proviennent par exemple de cultures intensives extrêmement consommatrices d'eau et de pesticides, ou d'élevages industriels polluants dans lesquels les animaux ne voient jamais la lumière du jour. Gare aux dérives de l'argument du « local », donc.

« Le circuit court, c'est forcément beaucoup plus écolo. »

✗ FAUX

Là non plus, le circuit court n'a pas comme vocation l'écologie, mais plutôt la défense d'un modèle de commerce plus avantageux pour les producteurs (en supprimant les nombreux intermédiaires, qui réduisent en général grandement les revenus des producteurs).

Mais sur le plan écologique, il n'apporte en soi pas de garanties, à la différence là aussi du label biologique par exemple. L'idéal, quand il est disponible et accessible, est donc un produit à la fois certifié biologique et vendu en vente directe.

À NOTER

En général, le circuit court est aussi local, mais il existe des exceptions.

À RETENIR

- Le « local » fait référence à la proximité géographique, rien de plus.
- Les impacts du transport sont en réalité très mineurs.
- Le circuit court, lui, assure qu'il n'y a pas d'intermédiaire (ou un seul) entre le producteur et le consommateur.
- Ni le local ni le circuit court ne donnent d'informations sur les méthodes de production (pesticides, engrais…) utilisées, à la différence du label bio par exemple.
- L'idéal est d'acheter un produit à la fois local, en circuit court et certifié biologique.

Bio ou Label Rouge ?

LE BON CHOIX

	AGRICULTURE BIOLOGIQUE	LABEL ROUGE
LES GARANTIES APPORTÉES PAR LE LABEL :		
ÉCOLOGIE :	★★★	★☆☆
CONDITIONS DE VIE DES ANIMAUX :	★★☆	★☆☆
QUALITÉ (NOTAMMENT GUSTATIVE) DU PRODUIT :	☆☆☆	★★★

L'EXEMPLE D'UN STEAK HACHÉ...

	LABEL AGRICULTURE BIOLOGIQUE	LABEL ROUGE	AUCUN LABEL
CRITÈRES À VISÉE ENVIRONNEMENTALE (EXEMPLES)			
ALIMENTS BIOLOGIQUES (OU EN CONVERSION BIO) DONNÉS AUX ANIMAUX	Oui	Non	Non
ACCÈS AU PÂTURAGE	Permanent (dès que les conditions le permettent)	Au moins 5 mois	Pas d'exigence
ALIMENTATION COMPOSÉE D'AU MOINS 60 % DE FOURRAGE	Oui	Non	Non
CRITÈRES LIÉS AUX CONDITIONS DE VIE DES ANIMAUX (EXEMPLES)			
ÉLEVAGE HORS-SOL INTERDIT	Oui	Oui	Non
GAVAGE INTERDIT	Oui	Non	Non
CAGES, BOXES ET ATTACHES INTERDITS	Oui	Non	Non
ÉCORNAGE SYSTÉMATIQUE INTERDIT	Oui	Non	Non
LITIÈRE VÉGÉTALE OBLIGATOIRE	Oui	Oui	Non
CRITÈRES LIÉS À LA QUALITÉ DU PRODUIT POUR LE CONSOMMATEUR (EXEMPLES)			
INTERDICTION D'AJOUTER D'AUTRES INGRÉDIENTS QUE LA VIANDE HACHÉE	Non	Oui	Non
TAUX MAXIMAL DE MATIÈRES GRASSES DANS LE STEAK HACHÉ	20 %	12 %	20 %
TAILLE DE HACHAGE	Pas d'exigence	Hachage gros grain (grille supérieure ou égale à 2,5 mm)	Pas d'exigence

Cette liste des critères est non exhaustive et est composée d'exemples de critères que nous avons jugés représentatifs.

À RETENIR

- Le Label Rouge n'a pas comme vocation première l'écologie.
- Le Label Rouge se concentre sur la qualité du produit pour le consommateur et apporte quelques garanties portant sur les conditions de vie des animaux.
- Sur les plans de l'écologie et des conditions de vie des animaux, le label Agriculture biologique apporte des critères globalement plus exigeants.

Bio ou agriculture raisonnée ?

Par les termes « agriculture raisonnée », nous faisons ici référence à la « certification environnementale [française] des exploitations agricoles (niveau 2)[78] » gérée par l'État français et ayant remplacé juridiquement l'appellation « Agriculture raisonnée » (qui, elle, continue à être utilisée dans le langage courant).

LE BON CHOIX

AGRICULTURE BIO

OBJECTIF

S'affranchir totalement de l'utilisation :

- des pesticides et d'intrants de synthèse (remplacés par le compost, la rotation des cultures, etc.) ;
- des OGM ;
- de certaines pratiques non respectueuses des conditions de vie des animaux d'élevages.

DANS LES FAITS

Le label Agriculture biologique se base sur de nombreuses obligations d'actions effectives, dont principalement une limitation drastique des pesticides et engrais autorisés, une interdiction de la culture hors-sol, des obligations concernant les conditions de vie, de transport et d'abattage des animaux, une limitation des ingrédients utilisés dans le produit fini.

AGRICULTURE RAISONNÉE

OBJECTIF

Optimiser les utilisations d'intrants et l'irrigation, tout en restant basée sur l'usage de pesticides et engrais de synthèse.

DANS LES FAITS

La certification environnementale présente 16 critères relativement peu exigeants portant principalement sur l'information, les registres et les aides à la décision (pour l'irrigation et l'usage d'intrants) et peu sur des obligations d'actions effectives.

Les actions effectives obligatoires portent surtout sur des gestes de base (le bon stockage des pesticides, la répartition des fumiers sur une plus grande surface possible…).

78. Cette certification est composée de 3 niveaux au choix : un premier niveau auto-diagnostiqué par l'exploitant, un deuxième niveau détaillé ici et un troisième niveau consistant en le label Haute valeur environnementale analysé en page 72.

POUR VOS FRUITS, LÉGUMES OU CÉRÉALES:

	LABEL BIOLOGIQUE[79]	AGRICULTURE RAISONNÉE (CERTIFICATION ENVIRONNEMENTALE)[80]
PAS DE CULTURE HORS-SOL	✔	✘
ROTATION DES CULTURES OBLIGATOIRE	✔	✘
PAS DE PESTICIDES ET ENGRAIS DE SYNTHÈSE	✔	✘ (objectif d'optimisation des quantités épandues mais aucun pesticide/engrais interdit)
PAS D'ENGRAIS MINÉRAUX AZOTÉS	✔	✘
LIMITATION DES ÉPANDAGES D'EFFLUENTS (FUMIERS...)	✔ (170 kg d'azote par an/hectare de surface agricole utilisée maximum)	✘ (répartition des effluents d'élevage « sur la plus large surface épandable possible »)
CONDITIONS D'ÉPANDAGE D'EFFLUENTS	Seulement s'ils proviennent d'élevages certifiés biologiques	Seulement pendant les périodes présentant le moins de risques pour la qualité de l'eau et en dehors des périodes de forte pluviosité
LIMITATION DES QUANTITÉS D'EAU UTILISÉES POUR L'IRRIGATION	Non	✘ (Pas d'obligation de résultats, mais obligation de disposer « d'aides à la décision afin de raisonner l'irrigation des cultures »)

On vous en dit plus sur les critères du label bio pour les viandes aux pages 68 et 81, et pour les œufs à la page 57.

79. Source : Règlement (UE) 2018/848 du Parlement européen et du Conseil du 30 mai 2018, relatif à la production biologique et à l'étiquetage des produits biologiques, et abrogeant le règlement (CE) n° 834/2007 du Conseil. **80.** Source : Plan de niveau 2 de la certification environnementale des exploitations agricoles, version n° 1 du 25 octobre 2011.

Pour aller plus loin

« OUI, MAIS LE LABEL BIO COÛTE CHER ET CERTAINS AGRICULTEURS NE PEUVENT PAS LE PAYER. »

Le label biologique est en effet payant pour l'agriculteur (le montant varie en fonction de la taille de l'exploitation). Cela permet notamment de couvrir les frais des contrôles annuels par un organisme tiers, la mise à jour du label, la communication pédagogique pour le faire connaître, etc.

Les critères du label bio impliquent aussi une augmentation des coûts de production (main-d'œuvre plus importante, réduction de la productivité de la surface…), généralement compensée par une augmentation du prix de vente du produit. Mais la production de l'exploitation ne peut être étiquetée « biologique » (et donc être vendue plus cher) qu'après trois ans de conversion.

C'est principalement ce délai, qui représente un coût supplémentaire conséquent, que de nombreuses exploitations agricoles ne peuvent se permettre. C'est pour cette raison que des aides publiques à la conversion au bio existent.

LE LABEL « HAUTE VALEUR ENVIRONNEMENTALE » FAIT AUSSI PARTIE DU MOUVEMENT DE L'AGRICULTURE RAISONNÉE. ON LE COMPARE AU LABEL BIO À LA PAGE SUIVANTE !

À RETENIR

- Le label biologique est plus exigeant et plus complet que la certification environnementale de « l'agriculture raisonnée ».
- Cette dernière n'interdit aucun pesticide et engrais, et ne présente aucune limitation effective et quantifiée de leur utilisation.

Bio ou Haute valeur environnementale ?

LE BON CHOIX — AGRICULTURE BIOLOGIQUE

AB AGRICULTURE BIOLOGIQUE

OBJECTIF DU LABEL

S'affranchir totalement de l'utilisation :

- des pesticides et d'intrants de synthèse (remplacés par le compost, la rotation des cultures, etc.) ;
- des OGM ;
- de certaines pratiques non respectueuses des conditions de vie des animaux d'élevages.

FONCTIONNEMENT DU LABEL

Il repose sur une liste de critères précis et tous obligatoires pour obtenir l'appellation « biologique ».

HAUTE VALEUR ENVIRONNEMENTALE (HVE)

ISSU D'UNE EXPLOITATION HAUTE VALEUR ENVIRONNEMENTALE

Ce label est très controversé, parfois apparenté à du *greenwashing* – notamment pour les vins, très consommateurs de pesticides – car ses critères sont considérés comme très peu exigeants.

OBJECTIF DU LABEL

Optimiser les utilisations d'intrants et l'irrigation et réduire les atteintes à la biodiversité, tout en restant basé sur l'usage de pesticides et engrais de synthèse.

FONCTIONNEMENT DU LABEL

Aucun de ses critères n'est obligatoire ! Il repose sur un système de points, sans critères éliminatoires[81]. Impossible donc de connaître les garanties exactes apportées par ce label sur un produit.

---

81. L'obtention de ce label repose sur une attribution de points dans quatre domaines (le respect de la biodiversité, l'utilisation d'engrais de synthèse, l'utilisation de produits phytosanitaires et la gestion de l'eau). Pour obtenir le label, le producteur doit cumuler au moins 10 points dans chaque domaine, sans critères obligatoires.

QUELQUES CRITÈRES INDISPENSABLES POUR UN ALIMENT PLUS ÉCOLOGIQUE (ET IMPOSANT DE MEILLEURES CONDITIONS DE VIE AUX ANIMAUX)

	AGRICULTURE BIOLOGIQUE	HVE
PAS D'ENGRAIS ET PESTICIDES DE SYNTHÈSE	Oui	Non
PAS D'OGM	Oui	Non
MESURES DE PRÉSERVATION DE LA BIODIVERSITÉ DE LA PARCELLE (HAIES, ETC.)	Oui	Oui
PAS D'ÉLEVAGE HORS-SOL	Oui	Non
GAVAGE INTERDIT	Oui	Non
ALIMENTS BIOLOGIQUES (OU EN CONVERSION BIO) DONNÉS AUX ANIMAUX	Oui	Non
ALIMENTATION COMPOSÉE D'AU MOINS 60 % DE FOURRAGE (EXEMPLE POUR LES BOVINS)	Oui	Non
CAGES, BOXES ET ATTACHES INTERDITS	Oui	Non
ÉCORNAGE SYSTÉMATIQUE INTERDIT	Oui	Non

À RETENIR

- Les critères du label HVE vont globalement dans le bon sens mais présentent d'importantes carences.
- Il apporte bien moins de garanties environnementales que ce que son nom peut laisser penser.
- Il n'est pas un équivalent du label biologique.

Bio ou équitable ?

Difficile de vraiment trancher ici ! L'agriculture biologique et le commerce équitable n'ont pas les mêmes vocations et sont complémentaires.

LE BON CHOIX POUR L'ENVIRONNEMENT

AGRICULTURE BIOLOGIQUE

OBJECTIF

Commercialiser un produit plus respectueux de l'environnement et des animaux,
en s'affranchissant totalement de l'utilisation :

- des pesticides et d'intrants de synthèse (remplacés par le compost, la rotation des cultures, etc.) ;
- des OGM ;
- de certaines pratiques non respectueuses des conditions de vie des animaux d'élevages.

LE BON CHOIX POUR LES TRAVAILLEURS

COMMERCE ÉQUITABLE

OBJECTIF

Commercialiser un produit plus « juste » pour les travailleurs, grâce à :

- des prix plus rémunérateurs (basés sur les coûts de production) ;
- un partenariat commercial pluriannuel (pour une meilleure sécurité financière) ;
- le versement d'un montant supplémentaire pour financer des projets collectifs ;
- une autonomie des producteurs et une meilleure gouvernance démocratique ;
- une transparence et une traçabilité des produits.

Pour aller plus loin

« L'IDÉAL SERAIT D'ACHETER UN PRODUIT BIO ET ÉQUITABLE. »

✓ VRAI

L'agriculture biologique (à vocation avant tout écologique) et le commerce équitable (à vocation avant tout sociale) sont complémentaires. L'idéal serait donc de les combiner, lorsque cette option est disponible et accessible.

Certains labels du commerce équitable sont d'ailleurs spécialisés dans les produits également certifiés biologiques, comme Biopartenaire, Naturland Fair et Bio Équitable en France.

« TOUS LES LABELS DU COMMERCE ÉQUITABLE NE GARANTISSENT PAS LA MÊME CHOSE. »

✓ VRAI

Chaque label du commerce équitable présente ses propres critères (durée minimale du contrat, assurance santé des travailleurs, durée des congés…), méthodologies de fixation des prix (prix plancher, prix indexé sur celui du marché, etc.) et méthodes d'évaluation. Mais tous répondent globalement à la définition donnée au début de cette fiche.

En 2020, l'organisme Commerce Équitable France a publié une comparaison de certains labels du commerce équitable[82]. Les mieux notés sont les labels SPP (Symbole des producteurs paysans), Naturland Fair et Fair for Life.

« LES PRODUITS "COMMERCE ÉQUITABLE" SONT AUSSI ÉCOLOS QUE LES PRODUITS BIO. »

✗ FAUX

Les labels du commerce équitable imposent certains critères à visée écologique. Mais ils sont relativement peu exigeants en comparaison de ceux du label de l'agriculture biologique. À l'exception des labels du commerce équitable applicables uniquement aux produits certifiés bio, la plupart des labels du commerce équitable n'interdisent par exemple pas les engrais et pesticides de synthèse, mais en limitent l'utilisation.

« LES PRODUITS DU COMMERCE ÉQUITABLE VIENNENT FORCÉMENT DE LOIN. »

✗ FAUX

Des aliments produits en Europe peuvent tout à fait être labellisés « commerce équitable ». Les labels Agri-éthique France et Bio Équitable en France sont par exemple spécialisés dans les produits d'origine française. L'équitable local est donc possible !

À RETENIR

- L'agriculture bio garantit un produit plus respectueux de l'environnement.
- Le commerce équitable garantit un produit plus respectueux des travailleurs.
- Il contient quelques critères environnementaux, mais n'est pas aussi exigeant que le label bio sur le plan écologique.
- L'idéal est d'acheter des produits à la fois bio et équitables, lorsque cela est possible.

82. Source : « Guide international des labels de commerce équitable », édition 2020, Commerce Équitable France. Disponible sur : www.commercequitable.org/le-commerce-equitable/les-labels

Label bio ou Bleu-Blanc-Cœur ?

LE BON CHOIX — AGRICULTURE BIOLOGIQUE	BLEU-BLANC-CŒUR
AB AGRICULTURE BIOLOGIQUE	BLEU BLANC COEUR Pour la Terre, les animaux et les hommes

LES GARANTIES APPORTÉES PAR LE LABEL:

	Agriculture biologique	Bleu-Blanc-Cœur
ÉCOLOGIE :	★★★	★☆☆
CONDITIONS DE VIE DES ANIMAUX :	★★☆	☆☆☆
QUALITÉ NUTRITIONNELLE DU PRODUIT :	☆☆☆	★★★

L'EXEMPLE D'UN STEAK HACHÉ...

	LABEL AGRICULTURE BIOLOGIQUE	BLEU-BLANC-CŒUR	AUCUN LABEL
CRITÈRES À VISÉE ENVIRONNEMENTALE (EXEMPLES)			
ALIMENTS BIOLOGIQUES (OU EN CONVERSION BIO) DONNÉS AUX ANIMAUX	Oui	Non	Non
ACCÈS AU PÂTURAGE	Permanent (dès que les conditions le permettent)	Non, pas forcément	Non, pas forcément
ALIMENTATION COMPOSÉE D'AU MOINS 60 % DE FOURRAGE	Oui	Non, pas forcément (mais interdiction du soja importé)	Non
ORIGINE FRANCE	Non, pas forcément	Oui	Non
CRITÈRES LIÉS AUX CONDITIONS DE VIE DES ANIMAUX (EXEMPLES)			
ÉLEVAGE HORS-SOL INTERDIT	Oui	Non	Non
GAVAGE INTERDIT	Oui	Non	Non
CAGES, BOXES ET ATTACHES INTERDITS	Oui	Non	Non
ÉCORNAGE SYSTÉMATIQUE INTERDIT	Oui	Non	Non
LITIÈRE VÉGÉTALE OBLIGATOIRE	Oui	Non	Non
CRITÈRES LIÉS AUX VALEURS NUTRITIONNELLES DU PRODUIT			
PRATIQUES PERMETTANT AU PRODUIT D'ÊTRE RICHE EN OMÉGA-3	Non	Oui	Non
LIMITATION DES ADDITIFS AUTORISÉS DANS LE PRODUIT FINI (au-delà des simples réglementations française et européenne)	Oui	Oui	Non

Cette liste des critères est non exhaustive et est composée d'exemples de critères que nous avons jugés représentatifs.

À RETENIR

- Le label Bleu-Blanc-Cœur n'a pas comme vocation première l'écologie.
- Il n'a pas de critères clairs et définis concernant les conditions de vie et d'abattage des animaux.
- Il se concentre sur les apports nutritionnels (surtout en oméga-3) pour le consommateur.
- Sur le plan des impacts environnementaux de l'alimentation des animaux, il va globalement dans le bon sens.
- Mais le label bio, ayant comme vocation première l'écologie, apporte des critères bien plus exigeants et complets.

Bio européen ou bio importé ?

Le match est très serré !

BIO EUROPÉEN

Les labels bio français (« AB ») et européen (« Eurofeuille ») sont strictement identiques depuis 2009. Il n'y a donc pas de critères différents entre les deux.

Le respect des critères du label de l'agriculture biologique tout au long de la chaîne de production d'un produit bio fabriqué dans l'Union européenne est contrôlé par un organisme indépendant certifié.

BIO IMPORTÉ[83] (HORS UE)

(Avant 2027)

- Si le produit provient d'un pays ayant signé un accord avec l'UE (comme le Royaume-Uni, la Suisse ou le Chili), le label bio du pays en question est automatiquement considéré comme équivalent à celui de l'UE (toutefois, ils sont en général légèrement moins exigeants) sans vérification.
- Pour les autres pays, un organisme agréé et indépendant contrôle sur place le respect des critères du label européen.

Les produits importés hors UE doivent répondre à des critères identiques ou se rapprochant de ceux du label bio européen.

Les contrôles se durcissent à partir de 2027.

83. Nous nous plaçons ici dans le cas de figure d'un achat en UE.

À PARTIR DE 2027 : MÊMES CRITÈRES PARTOUT !

Depuis 2022 (et avec une période de transition de 5 ans), les contrôles des importations de produits bio hors UE se renforcent. Les équivalences automatiques entre un label bio local et le label bio européen sont supprimées. Tous les produits, quelle que soit leur provenance hors UE, devront strictement respecter les normes bio européennes. Les contrôles se feront sur place, par des organismes agréés, et d'autres supplémentaires auront également lieu à leur arrivée en Europe.

À NOTER

Au-delà d'un label – quel qu'il soit – chaque pays peut présenter des normes ou pratiques environnementales différentes. Le recours à une irrigation intensive ou à l'usage de serres, par exemple, varie d'un pays à l'autre, en bio comme en conventionnel.

Pour aller plus loin

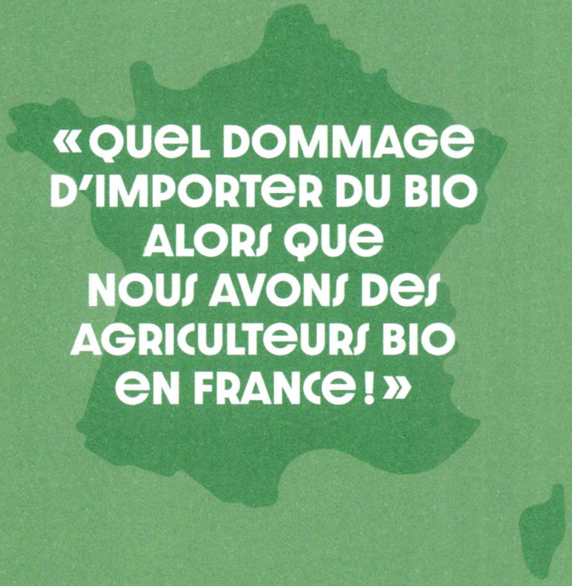

83 % de l'alimentation bio consommée en France (hors produits exotiques) est produite en France[84]. Alors pourquoi pas 100 % ? Notamment parce que la production de bio en France est encore trop faible pour répondre à la demande grandissante des consommateurs. L'import de produits bio est donc indispensable pour le moment.

84. Source : « Les chiffres de l'agriculture biologique en 2022 », ministère [français] de l'Agriculture et de la Souveraineté alimentaire, 6 juin 2023. Disponible sur : www.agriculture.gouv.fr/les-chiffres-de-lagriculture-biologique-en-2022#:~:text=Ces%20plus%20de%2060%20000,premi%C3%A8re%20surface%20bio%20en%20Europe

« Alors je préfère acheter du français non bio, parce que le transport depuis un autre pays, ça pollue ! »

Quoique que bien intentionné, ce calcul se révèle erroné. Comme détaillé à la page 61 (« Bio ou local ? »), le transport de nos produits alimentaires ne représente en général qu'une petite partie de leurs impacts environnementaux. La très grande majorité vient en moyenne de leur production. Et ce sont ces impacts majeurs que le label de l'agriculture biologique permet de réduire. En moyenne, on tend à éviter plus d'impacts environnementaux avec un label biologique qu'avec une provenance géographique proche[85]. L'idéal reste évidemment de privilégier autant que possible les produits à la fois bio et locaux.

Pour mieux comprendre :

- **« Bio au local ? » : page 61 ;**
- **« Local ou circuit court ? » : page 64.**

« Oui, mais je l'ai acheté au marché du coin ! »

Le lieu d'achat ne vous garantit en réalité pas grand-chose. Les marchés de plein air sont souvent largement composés de revendeurs se fournissant auprès de grossistes ou de marchés internationaux. C'est aussi le cas de nombreux petits commerçants classiques type primeurs.Sur les marchés, certains stands, facilement reconnaissables, proposent en revanche des produits fabriqués localement et en direct du producteur. Encore faut-il s'assurer qu'ils soient également certifiés biologiques[86].

« Et que valent les stands de mon marché s'affichant comme "agriculture raisonnée" ? » Notre réponse détaillée à la page 69 !

À RETENIR

- Il n'existe pas de différences entre le label bio français et le label bio européen.
- Il existe moins de différences que ce qu'on pense entre un produit bio européen et un produit bio importé hors UE.
- À partir de 2027, les mêmes critères de l'agriculture biologique seront imposés à tous les produits étiquetés « biologiques » en vente dans l'UE, quel que soit leur pays d'origine.

85. Nous parlons ici en moyenne. Il existe bien sûr des exceptions. **86.** D'un point de vue strictement environnemental.

Viande bio ou viande zéro déchet ?

VIANDE CERTIFIÉE AGRICULTURE BIOLOGIQUE

VIANDE ZÉRO DÉCHET

(viande achetée en rayon à la coupe ou chez un commerçant en apportant son propre contenant, par exemple)

L'IMMENSE MAJORITÉ DES IMPACTS environnementaux d'une viande provient de sa production.

Il existe principalement deux façons de réduire significativement ces impacts :

1- Privilégier des viandes par nature moins gourmandes en eau et moins émettrices de CO_2 lors de leur fabrication, comme les volailles (en savoir plus à la page 19) ;

2- Privilégier les viandes arborant le label de l'agriculture biologique, produite à travers des procédés plus respectueux de l'environnement.

Les emballages ne représentent en moyenne que 5 % DES IMPACTS environnementaux de nos aliments[87].

87. Source : Rapport « Less Food Loss and Waste, Less Packaging Waste », National Zero Waste Council (Metro Vancouver), mars 2020.

RÉPARTITION DES IMPACTS ENVIRONNEMENTAUX DES VIANDES[88]

POUR UN STEAK HACHÉ 33,23 KG DE CO_2e PAR KG DE VIANDE (CRUE)

POUR UN POULET FERMIER RÔTI 7,36 KG DE CO_2e PAR KG DE POULET RÔTI

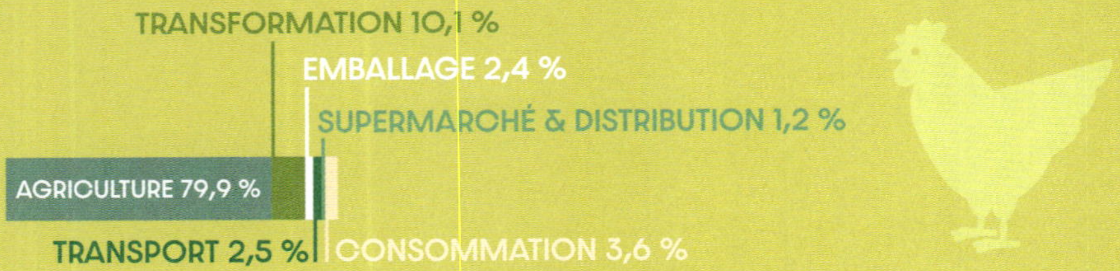

POUR DU JAMBON DE PORC CUIT 6,92 KG DE CO_2e PAR KG DE JAMBON

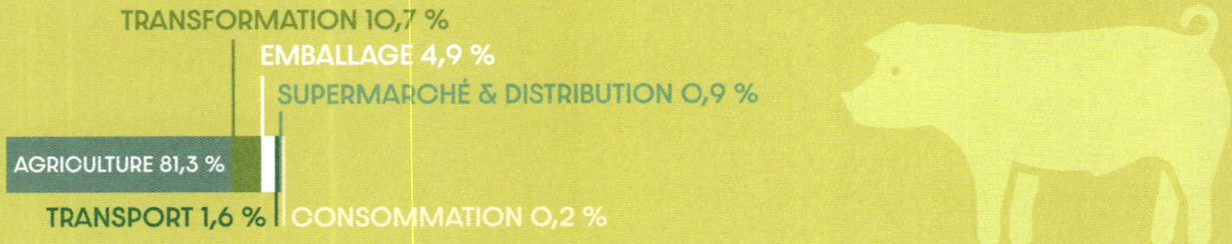

88. Source des chiffres cités : Agribalyse 3.1.1. Répartition moyenne des impacts environnementaux des aliments par étape du cycle de vie. Ces impacts sont mesurés en fonction de 16 indicateurs environnementaux pondérés (changement climatique, consommation d'eau, utilisation des sols, utilisation de substances toxiques pour l'être humain, écotoxicité…).

Pour aller plus loin

QUE GARANTISSENT LE BIO, LE ZÉRO DÉCHET ET LE LIEU D'ACHAT ?

Liste non exhaustive

	STEAK HACHÉ CERTIFIÉ BIO, EMBALLÉ, EN SUPERMARCHÉ[89]	STEAK HACHÉ (NON BIO) ZÉRO DÉCHET CHEZ LE BOUCHER DU COIN
L'ÉTAPE DE LA PRODUCTION (ENVIRON 97 % DE SON EMPREINTE)		
ALIMENTS BIOLOGIQUES (OU EN CONVERSION BIO) DONNÉS AUX ANIMAUX	✔	✘
ALIMENTATION COMPOSÉE D'AU MOINS 60 % DE FOURRAGE	✔	✘
ACCÈS PERMANENT AU PÂTURAGE	✔	✘
L'ÉTAPE DU TRANSPORT (ENVIRON < 1 % DE SON EMPREINTE)		
VIANDE PRODUITE LOCALEMENT	✘	✘ (le type de commerce dans lequel vous achetez votre viande ne garantit rien sur sa provenance[90])
L'EMBALLAGE (ENVIRON < 1 % DE SON EMPREINTE)		
AUCUN EMBALLAGE DU PRODUIT FINAL	✘	✔

À RETENIR

- Acheter une viande sans emballage ne fait pas de différence significative sur son bilan environnemental.
- Le label de l'agriculture biologique permet de réduire les principales sources d'impacts environnementaux d'une viande.
- Moins manger de viande est tout aussi important (si ce n'est plus) que mieux la choisir (en savoir à la page 17 : « Manger moins de viande ou en manger mieux ? »).

89. Source : Règlement (UE) 2018/848 du Parlement européen et du Conseil du 30 mai 2018 relatif à la production biologique et à l'étiquetage des produits biologiques, et abrogeant le règlement (CE) n° 834/2007 du Conseil. **90.** Hors boutiques de coopératives paysannes spécialisées dans les produits locaux, par exemple.

Viande de poulet ou de mouton ?

LE BON CHOIX

VIANDE DE POULET

6,97 KG DE CO_2e PAR KG DE VIANDE DE POULET

(blancs de poulet crus avec peau)[91].

Les viandes de volaille sont en moyenne les viandes animales les moins consommatrices d'eau et les moins émettrices de gaz à effet de serre lors de leur production.

LA VIANDE DE DINDE présente d'ailleurs un bilan environnemental encore légèrement plus bas que celui du poulet, avec un bilan carbone de 5,52 kg de CO_2e par kg de viande[92].

VIANDE DE MOUTON

32,1 KG DE CO_2e PAR KG DE VIANDE DE MOUTON

(crue)[93].

Au même titre que la viande de bœuf, celles de mouton et d'agneau – eux aussi des ruminants – sont parmi les plus polluantes.

4 FOIS PLUS D'IMPACTS ENVIRONNEMENTAUX POUR DE LA VIANDE DE MOUTON QUE POUR DE LA VIANDE DE POULET[94].

---

91. Source : Agribalyse 3.1.1 (ADEME). **92.** Idem. **93.** Idem. **94.** Ce chiffre est une moyenne se basant sur la méthodologie européenne PEF (Product Environmental Footprint), visant à évaluer l'impact environnemental d'un produit en mesurant et pondérant 16 indicateurs environnementaux (changement climatique, consommation d'eau, utilisation des sols, utilisation de substances toxiques pour l'être humain, écotoxicité…). Les PEF utilisés : blanc de poulet cru 0,88 ; viande de mouton cru 3,66. Source : Agribalyse 3.1.1 (ADEME).

Pour aller plus loin

MIEUX CHOISIR SA VIANDE

Pour réduire les principales sources d'impacts de la production de votre viande, assurez-vous de…

1. **RÉDUIRE VOS PORTIONS DE VIANDE** et la fréquence de vos repas carnés dans le mois ;

2. **ÉVITER AUTANT QUE POSSIBLE LES VIANDES LES PLUS POLLUANTES** (bœuf, mouton, agneau…) ;

3. **PRIVILÉGIER LES VIANDES DE VOLAILLE**

4. **(SI POSSIBLE) ACHETER TOUJOURS DES VIANDES CERTIFIÉES BIOLOGIQUES** (découvrez à la page 67 les garanties environnementales que ce label vous apporte).

POUR FAIRE ENCORE MIEUX

La quasi-totalité des sources végétales de protéines et de minéraux, comme les légumineuses (pois chiches, haricots secs, lentilles, etc.), présente des bilans environnementaux bien plus avantageux que ceux de la viande, même de volaille.

Jambon de porc ou jambon de dinde ?

Le match est très serré !

JAMBON DE PORC

(2)

6,92 KG DE CO_2e PAR KG DE JAMBON DE PORC[95].

1,1 FOIS PLUS D'IMPACTS ENVIRONNEMENTAUX pour du jambon de porc que du jambon de dinde[96].

Le jambon de porc émet très légèrement plus d'impacts environnementaux que celui de dinde en moyenne.

La différence n'est qu'un peu plus marquée lorsqu'il s'agit des morceaux de viande entiers : **100 G DE POITRINE DE PORC PRÉSENTENT 1,7 FOIS PLUS D'IMPACTS QUE 100 G DE POITRINE DE DINDE EN MOYENNE[97].**

JAMBON DE DINDE

(1)

6,82 KG DE CO_2e PAR KG DE JAMBON DE DINDE[98].

Une alternative au bilan environnemental très faible : les « jambons » sans viande. On vous dit tout à la page suivante.

---

95. Source : Agribalyse 3.1.1 (ADEME). 96. Ce chiffre est une moyenne se basant sur la méthodologie européenne PEF (Product Environmental Footprint), visant à évaluer l'impact environnemental d'un produit en mesurant et pondérant 16 indicateurs environnementaux (changement climatique, consommation d'eau, utilisation des sols, utilisation de substances toxiques pour l'être humain, écotoxicité…). Source : Agribalyse 3.1.1 (ADEME). 97. Idem. 98. Source : Agribalyse 3.1.1 (ADEME).

« Viande » végétale ou viande animale ?

ÉCOLO

« VIANDE » VÉGÉTALE (OU SIMILI-VIANDE)

1,58 KG DE CO_2e PAR KG DE « NUGGETS » À BASE DE BLÉ ET DE SOJA[99].

Malgré leurs emballages, les « viandes » végétales sont quasi systématiquement bien plus écologiques que leurs équivalents carnés.

VIANDE ANIMALE

5,91 KG DE CO_2e PAR KG DE NUGGETS DE POULET.

15 FOIS PLUS D'IMPACTS ENVIRONNEMENTAUX pour un hamburger au fromage et au bœuf que pour un hamburger au fromage et au « steak » cuisiné de blé et de soja[100].

Bien que les viandes animales ne représentent que 8 % des aliments que nous mangeons, elles sont responsables de 59 % du bilan carbone de nos assiettes[101].

99. Source : Agribalyse 3.1.1 (ADEME). **100.** Ce chiffre se base sur des moyennes calculées via la méthodologie européenne PEF (Product Environmental Footprint), visant à évaluer l'impact environnemental d'un produit en mesurant et pondérant 16 indicateurs environnementaux (changement climatique, consommation d'eau, utilisation des sols, utilisation de substances toxiques pour l'être humain, écotoxicité…). PEF de steaks hachés de bœuf cuit : 4,08/kg de produit ; PEF de pavés végétaux de blé et de soja : 0,28/kg de produit. Source : Agribalyse 3.1.1 (ADEME).
101. Les viandes représentent en moyenne 8 % de la consommation agricole annuelle d'un Français en poids, et 59 % des émissions de gaz à effet de serre (en équivalents CO_2) de la consommation agricole annuelle d'un Français. Ces chiffres se focalisent sur la phase de production des aliments, qui représente en moyenne 67 % de l'empreinte carbone de notre alimentation en France. Source : « Empreinte carbone et sol de la phrase agricole de l'alimentation des Français », ADEME. Disponible sur : https://librairie.ademe.fr/consommer-autrement/6174-empreinte-carbone-et-sol-de-la-phase-agricole-de-l-alimentation-des-francais.html

COMBIEN DE CO_2 ÉMET LA PRODUCTION DES PRODUITS D'ORIGINE ANIMALE ?

En « équivalents CO_2 » (« CO_2e » ou « CO_2-eq »), l'unité de mesure des gaz à effet de serre[102].

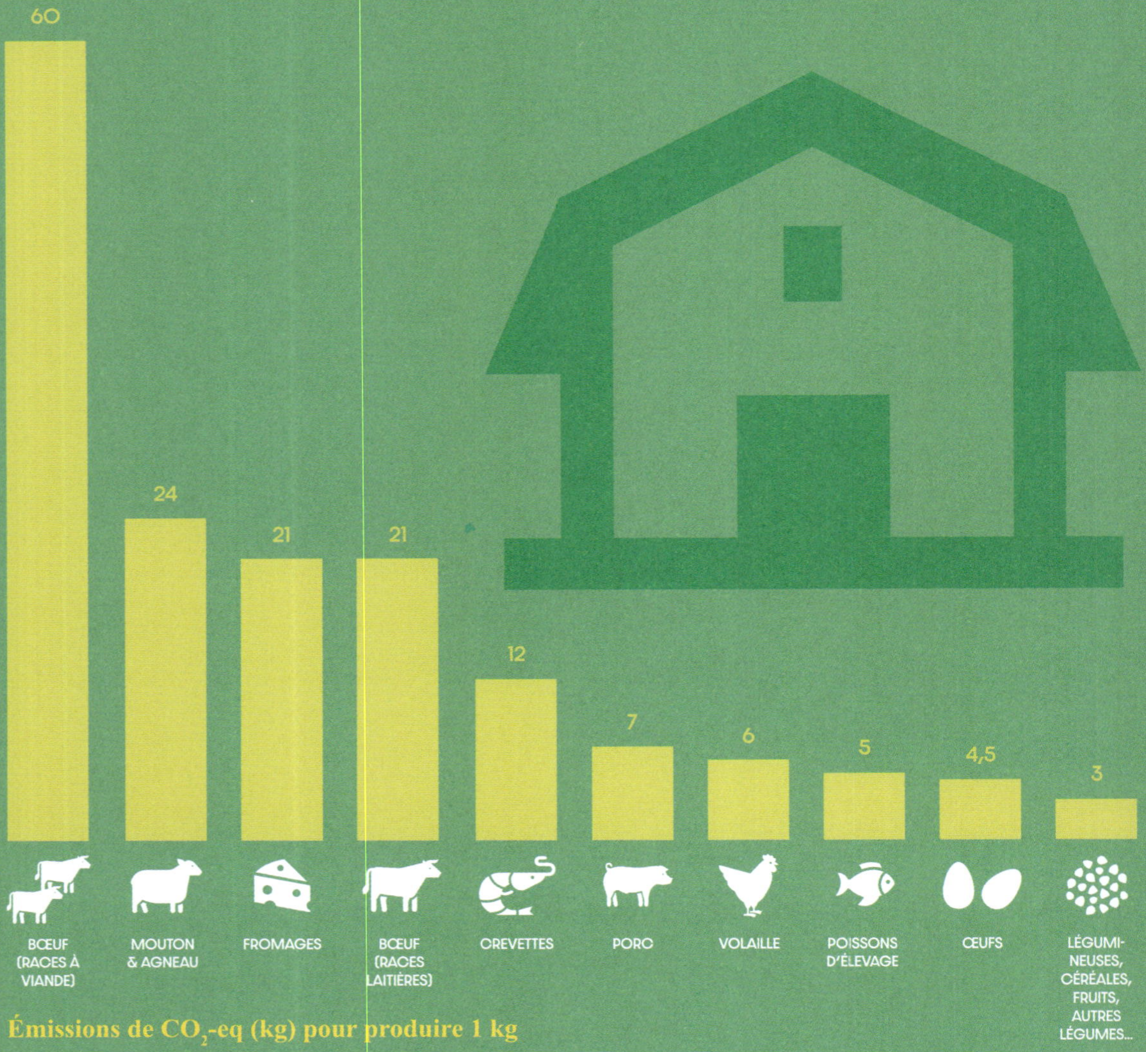

Émissions de CO_2-eq (kg) pour produire 1 kg

102. Source : L'iglou, à partir de l'étude « Reducing food's environmental impacts through producers and consumers », parue dans *Science* en 2018.

Pour aller plus loin

LES IMPACTS DES SIMILI-VIANDES ET DES PRODUITS CARNÉS QU'ELLES REMPLACENT

PLUS LE SCORE ENVIRONNEMENTAL EST ÉLEVÉ, PLUS L'ALIMENT A D'IMPACTS ENVIRONNEMENTAUX.

Ces scores environnementaux sont des moyennes évaluant l'impact environnemental global d'un produit (par kg de produit). Ils mesurent 16 indicateurs environnementaux (émissions de gaz à effet de serre, consommation d'eau, utilisation des sols, utilisation de substances toxiques pour l'être humain, écotoxicité…)[103].

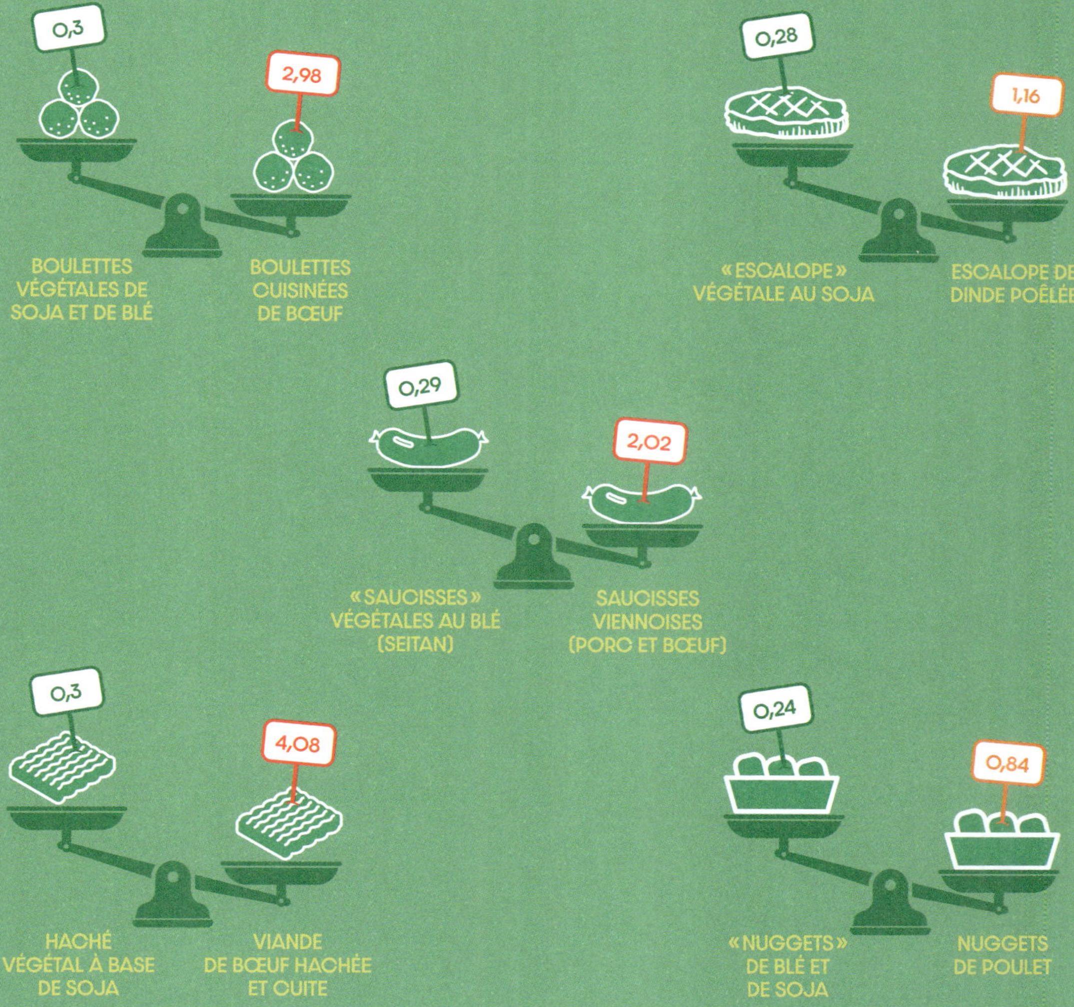

103. Source : Agribalyse 3.1.1 (ADEME).

Pour aller plus loin

« Oui, mais les simili-viandes, c'est toujours très emballé. »

C'est exact (et regrettable). Mais en réalité, les impacts de ces emballages sont extrêmement minimes comparés aux impacts de la production des viandes qu'elles permettent de remplacer. Ainsi, malgré leurs emballages plastique, les « viandes » végétales restent bien plus écologiques, et ce, quasi systématiquement.

Vaut-il mieux une viande zéro déchet ou une viande certifiée bio ? La réponse à la page 81.

« Et elles ne sont pas toujours fabriquées localement. »

Là aussi, c'est vrai (pour certaines marques). Mais là aussi, les impacts du transport de nos aliments sont bien plus minimes qu'on le pense. Ainsi, le transport d'une « escalope » végétale de blé et de soja ne représente en moyenne que 7 % de son impact environnemental total (lui-même déjà très bas)[104].

Découvrez également d'autres chiffres détaillés à la page 61, dans laquelle nous répondrons à la question « Vaut-il mieux acheter local ou acheter bio ? ».

« Je préfère acheter chez mon petit boucher du coin. »

D'un point de vue environnemental[105], le lieu d'achat ne garantit en soi pas grand-chose. Les commerçants indépendants achètent souvent au moins une partie de leurs produits sur des marchés internationaux (comme celui de Rungis) et/ou à des grossistes, où les intermédiaires sont nombreux et où les produits peuvent venir du monde entier.

Lorsque votre boucher ou bouchère préfère se fournir auprès de coopératives locales, cela peut parfois augmenter les chances d'avoir une viande de meilleure qualité gustative et plus fraîche. Mais attention, cela n'apporte aucune garantie concernant les impacts environnementaux de la viande.

Comme détaillé à la page 61 (« Vaut-il mieux acheter local ou acheter bio ? »), la provenance géographique proche d'un produit n'apporte aucune information concernant les méthodes de production (variable la plus déterminante pour l'impact environnemental d'un aliment). Pour cela, mieux vaut avant tout se tourner vers des labels environnementaux fiables, comme celui de l'Agriculture biologique, mais aussi Demeter, Nature & Progrès ou Bio Cohérence.

---

104. Source : Agribalyse 3.1.1 (ADEME). **105.** Nous incluons ici les conditions de vie des animaux.

« Ces simili-viandes sont toujours ultra-transformées, c'est toxique. »

Certaines marques proposent en effet des produits très transformés aux additifs nombreux. D'autres, en revanche, présentent des listes d'ingrédients courtes et simples. Les émincés cuisinés de la marque Heura par exemple (destinés à remplacer des morceaux d'escalope de poulet) sont uniquement composés de :

> Eau, concentré de soja (27,3 %), huile d'olive vierge extra (2,5 %), sel, arômes, épices et vitamine B12.

Qu'ils soient très transformés ou non, ces produits ne sont par ailleurs pas destinés à être consommés quotidiennement. Ils peuvent permettre de reproduire occasionnellement des plats carnés, dépanner lorsque vous n'avez pas le temps de cuisiner ou encore servir lors d'occasions (comme un barbecue entre ami·e·s).

« Oui, mais ce n'est pas bon ! »

Là aussi, tout dépend des marques. Certains produits sont en effet… peu convaincants ! Mais ne vous arrêtez pas là, car d'autres valent vraiment le détour et peuvent être tout à fait bluffants, tant pour leur texture que leurs saveurs. Quelques marques que nous vous recommandons, disponibles en grande surface en France : Heura, Beyond Meat, La Vie, HappyVore et bien d'autres.

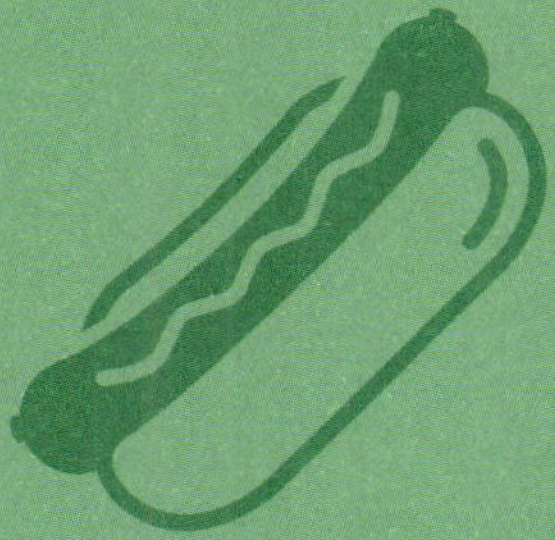

À retenir

- Les produits d'origine végétale sont systématiquement bien plus écologiques que les produits d'origine animale qu'ils remplacent.
- Les impacts des emballages et du transport des « viandes » végétales sont minimes (comparés à ceux de la production des viandes animales qu'elles remplacent).
- Ultra-transformation, goûts, textures… : toutes les simili-viandes ne se valent pas.

Viande ou poisson ?

Attention ! Nous avons ici classé le poisson comme « le bon choix ». Cependant, non seulement ces deux catégories d'aliments ont de lourds impacts environnementaux (il s'agit donc avant tout de réduire leur consommation autant que possible), mais ces derniers varient aussi grandement d'une viande/poisson à l'autre.

VIANDE

Les viandes aux impacts environnementaux les plus lourds :

- les viandes de ruminants (bœuf, mouton et agneau, principalement) ;
- le porc (impacts toutefois plus faibles que les ruminants).

13 FOIS PLUS D'IMPACTS ENVIRONNEMENTAUX

pour un steak haché que pour des sardines[106].

Pourquoi la viande pollue-t-elle autant ?
Comprenez tout à la page 19.

POISSON

LE BON CHOIX EN GÉNÉRAL

Les poissons aux impacts environnementaux les plus faibles (en moyenne) :
Petits poissons sauvages de pêche côtière à la ligne (en général : sardines, maquereaux, anchois).

Ajoutons également certains (rares) crustacés, comme les huîtres et les palourdes.

⚠ TOUS LES POISSONS NE SONT PAS UN « BON CHOIX ».

Les poissons aux lourds impacts environnementaux (en moyenne) :
Gros poissons très consommés : saumon, truite, cabillaud, colin, thon…

---

106. Pour les mêmes quantités. Ce chiffre est une moyenne se basant sur la méthodologie européenne PEF, détaillée ci-après. Source : Agribalyse 3.1.1 (ADEME).

QUELLES SOURCES DE PROTÉINES POLLUENT LE PLUS ?

Le graphique qui suit présente le score environnemental moyen de chaque aliment. Il est calculé en mesurant 16 indicateurs environnementaux (gaz à effet de serre, consommation d'eau, utilisation des sols, substances toxiques pour l'être humain et pour les écosystèmes, etc.)[107].

Quels poissons sont les plus polluants ? Lesquels privilégier ?
Toutes les réponses plus détaillées aux pages 94 et 95 (« Poisson d'élevage ou poisson sauvage ? »).

À RETENIR

- Mieux vaut réduire la part de toutes les protéines animales (et particulièrement des viandes rouges, porc et gros poissons) dans nos menus.
- Les sources de protéines les plus écologiques sont les légumineuses (lentilles, pois chiches, haricots secs…) et, parmi les protéines animales, les œufs et la plupart des petits poissons de pêche côtière à la ligne (sardines, maquereaux, anchois).

107. Méthodologie européenne PEF (Product Environmental Footprint). Les scores environnementaux des viandes, poissons et œufs présentés ici ne comprennent pas leur cuisson. Tous les aliments présentés dans ce graphique sont riches en protéines, en teneurs globalement proches. Source : Agribalyse 3.1.1 (ADEME). **108.** Le magret de canard présente plus d'impacts environnementaux que la viande classique de canard, principalement parce que sa production se fait à travers le gavage forcé des animaux. Cette pratique fait d'ailleurs partie des maltraitances interdites par le label de l'agriculture biologique, c'est pour cette raison qu'il vous sera impossible de trouver un magret de canard certifié biologique (vous pourrez en revanche trouver un filet de canard bio, la même partie de l'animal, sans pratique de gavage).

Poisson d'élevage…

4 KG DE POISSONS SAUVAGES DOIVENT ÊTRE PÊCHÉS ET TRANSFORMÉS EN HUILES ET FARINES ANIMALES POUR PRODUIRE 1 KG DE POISSON D'ÉLEVAGE[109].

⚠ POLLUTION
DES ÉCOSYSTÈMES (FORTES CONCENTRATIONS DE DÉJECTIONS, ANTIBIOTIQUES, ETC.).
(Surtout pour les élevages en pleine mer)

⚠ ÉMISSIONS IMPORTANTES
DES GAZ À EFFET DE SERRE.
(Surtout pour les élevages terrestres)

⚠ PRODUCTION DE SOJA INDUSTRIEL
(DONNÉ EN ALIMENTATION AUX POISSONS)
souvent lié à des pratiques de déforestation en Amérique du Sud.

⚠ PROPAGATION
DE MALADIES.

⚠ ÉVASION PUIS REPRODUCTION
DE POISSONS GÉNÉTIQUEMENT PEU VIABLES
(affectant tout l'écosystème).
(Pour les élevages en pleine mer)

⚠ PÊCHE MASSIVE
DE POISSONS SAUVAGES DONNÉS
en alimentation aux poissons d'élevage, donc :

- **surpêche** de populations de poissons en voie de disparition ;
- **destruction des fonds marins** (par certaines techniques de pêches industrielles) ;
- pêches accidentelles nombreuses dans les filets (autres poissons, tortues, cétacés…).

---

109. Source : « Un régime en queue de poisson », *Qqf (Qu'est-ce qu'on fait ?)*.

... ou sauvage ?

⚠ SURPÊCHE DE POPULATIONS

DE POISSONS EN VOIE DE DISPARITION.

⚠ DESTRUCTION

DES FONDS MARINS

(par certaines techniques de pêches industrielles).

⚠ PÊCHES ACCIDENTELLES

NOMBREUSES DANS LES FILETS

(autres poissons, tortues, cétacés…).

Mais au-delà du duel « sauvage *vs* élevage », c'est avant tout certaines espèces de poissons qu'il vaut mieux éviter (comme le saumon ou le thon) ou privilégier (comme les sardines, les maquereaux, le lieu ou la carpe).

MALGRÉ TOUT…

… certains poissons sauvages sont à éviter, soit parce que leur espèce est surpêchée[110] (partout ou dans certaines zones), soit parce qu'ils sont pêchés par des techniques de pêche fortement destructrices des écosystèmes.

Lors de vos courses, mieux vaut donc se fier au conso-guide du WWF (accessible gratuitement sur www.consoguidepoisson.fr).

Pour chaque espèce de poisson ou crustacé, il vous indiquera les informations à chercher sur les emballages (zone de pêche, technique de pêche – lorsque l'information est disponible –, éventuel label, etc.).

Vous découvrirez même que les carpes, les merlans bleus, les huîtres ou encore les palourdes peuvent être consommés quels que soient leur provenance, leur technique de pêche ou leur label.

110. C'est-à-dire pêchée en trop grandes quantités et fréquences pour pouvoir assurer sa survie.

Pour aller plus loin

« De façon générale, quels poissons vaut-il mieux éviter ? »

Il est souvent conseillé d'éviter autant que possible les poissons les plus consommés, comme le saumon, le thon ou la daurade, car ce sont évidemment les plus surpêchés ou élevés industriellement.

« De façon générale, quels poissons vaut-il mieux privilégier ? »

Pour simplifier au maximum (vous trouverez des conseils plus détaillés et exacts dans le conso-guide en ligne évoqué dans la page précédente), les poissons à privilégier sont les petits poissons issus de la pêche côtière à la ligne (sardines, anchois et maquereaux, principalement).

Autre bonne nouvelle : les huîtres et les palourdes peuvent être consommées sans causer d'impacts environnementaux majeurs. En effet, leur élevage se fait en général de façon peu polluante (comparé à celui des poissons). Elles se nourrissent seules des nutriments présents dans l'eau. Aucune production humaine d'aliments extérieurs n'est donc nécessaire.

« OUI, MAIS LES SARDINES SAUVAGES DU MAROC VIENNENT DE PLUS LOIN QUE LE SAUMON D'ÉLEVAGE D'ÉCOSSE. »

À la page 61 (« Vaut-il mieux acheter local ou certifié bio ? »), vous découvrirez que les impacts du transport de nos aliments sont quasi systématiquement minimes par rapport à ceux de leur production. C'est particulièrement le cas ici, car les impacts environnementaux des élevages industriels de saumons en Écosse (ainsi qu'en Norvège et au Chili, par exemple) sont extrêmement lourds.

En général (et encore plus lorsqu'il s'agit d'aliments au bilan environnemental lourd, comme les viandes, les poissons, le chocolat, le café, les laitages…), la provenance géographique est un critère très secondaire.

« LE POISSON, C'EST COMME LA VIANDE, IL FAUT SURTOUT EN MANGER *MOINS*, PAS SIMPLEMENT *MIEUX*. »

Exact. Car ces deux catégories d'aliments sont de loin les plus lourdes dans la balance environnementale de nos assiettes. La première des recommandations pour une alimentation plus durable est une priorisation des sources végétales de protéines (dont principalement les légumineuses : haricots secs, pois chiches, lentilles…) sur les protéines animales (viandes et poissons, qui ne représenteraient ainsi qu'environ 20 % des protéines de nos menus de la semaine).

À RETENIR

- Qu'il soit sauvage ou d'élevage, le poisson a de lourds impacts. Mieux vaut en manger *moins* et *mieux*.
- Mieux vaut éviter les gros poissons très consommés, comme le saumon, le thon et la daurade/morue.
- Privilégiez les sardines, les maquereaux, les anchois, le carpe, le merlan bleu, les huîtres et les palourdes.
- Pour les autres poissons et crustacés, regardez les informations sur l'emballage en suivant les recommandations de : consoguidepoisson.fr

Crevettes ou moules ?

LE BON CHOIX

CREVETTES	MOULES

CREVETTES

26,5 KG de CO_2e PAR KG DE CREVETTES CUITES[111].

3 FOIS PLUS D'IMPACTS ENVIRONNEMENTAUX

pour un plat à base de crevettes que pour le même plat à base de moules[112].

Les crevettes font partie des fruits de mer à limiter autant que possible. Lorsqu'elles sont sauvages, leur pêche se fait souvent à l'aide de chaluts :

- ⚠ **destruction des écosystèmes** des fonds marins ;
- ⚠ **nombreuses captures accidentelles** d'espèces (raies…).

Lorsqu'elles proviennent d'élevages, ces derniers sont quasi systématiquement industriels :

- ⚠ **pollution massive des littoraux** (entraînant par exemple la destruction des écosystèmes de mangroves en Asie du Sud-Est).

MOULES

3,2 KG de CO_2e PAR KG DE MOULES CUITES[113].

✔ AUCUNE PRODUCTION DE NOURRITURE NÉCESSAIRE:

à la différence de la quasi-totalité des espèces de poissons et fruits de mer en aquaculture, les moules se nourrissent seules. Aucune production – souvent très polluante – d'aliments n'est donc nécessaire (farines et huiles animales, faites à partir de poissons pêchés, par exemple).

⚠ **Dragage des naissains** (réalisés dans certaines régions) néfaste pour les fonds marins.

111. Source : Agribalyse 3.1.1 (ADEME). **112.** Ce chiffre est une moyenne se basant sur la méthodologie européenne PEF (Product Environmental Footprint), visant à évaluer l'impact environnemental d'un produit en mesurant et pondérant 16 indicateurs environnementaux (changement climatique, consommation d'eau, utilisation des sols, utilisation de substances toxiques pour l'être humain, écotoxicité…). Source : Agribalyse 3.1.1 (ADEME). **113.** Source : Agribalyse 3.1.1 (ADEME).

Sushis au saumon ou à l'avocat ?

SUSHIS (OU MAKIS) AU SAUMON

5,77 KG DE CO_2e PAR KG DE SAUMON CRU[114].

2,2 FOIS PLUS
D'IMPACTS ENVIRONNEMENTAUX
pour des makis au saumon que des makis à l'avocat[115].

À noter
Nous comparons ici les deux aliments sur le plan de l'usage (consommation de sushis et makis) et non sur le plan nutritionnel. Quelles sont les sources de protéines les plus écologiques ? La réponse à la page 93.

Envie de sushis au poisson ? Achetez à des prix très intéressants les invendus de fin de journée du restaurant/traiteur de sushis près de chez vous grâce à des applis anti-gaspi comme Too Good To Go ou Phenix.

SUSHIS (OU MAKIS) À L'AVOCAT

LE BON CHOIX

1,48 KG DE CO_2e PAR KG D'AVOCAT[116].

L'avocat est loin de présenter le bilan environnemental le plus faible des fruits et légumes (notamment en raison de sa forte consommation d'eau lors de sa culture). Malgré cela, ceux du saumon restent bien plus lourds.

Les sushis à l'avocat présentent aussi en moyenne :

4,5 FOIS MOINS
d'impacts que ceux au thon germon ou blanc ;

3,8 FOIS MOINS
que ceux à la daurade (grise ou rose) ;

2,8 FOIS MOINS
que ceux à la crevette ;

2,2 FOIS MOINS
que ceux au thon jaune ou albacore[117].

114. Saumon d'élevage. Source : Agribalyse 3.1.1 (ADEME). **115.** Ce chiffre est une moyenne se basant sur la méthodologie européenne PEF (Product Environmental Footprint), visant à évaluer l'impact environnemental d'un produit en mesurant et pondérant 16 indicateurs environnementaux (changement climatique, consommation d'eau, utilisation des sols, utilisation de substances toxiques pour l'être humain, écotoxicité…). Source : Agribalyse 3.1.1 (ADEME). **116.** Source : Agribalyse 3.1.1 (ADEME). **117.** Ce chiffre est une moyenne se basant sur la méthodologie européenne PEF décrite ci-dessus. Source : Agribalyse 3.1.1 (ADEME).

CHAPITRE 07

Quand on veut passer au zéro déchet

Vrac ou bio ?

LE BON CHOIX

VRAC

IL GARANTIT QUE:

✔ les quantités d'emballages du produit fini sont plus faibles.

LES EMBALLAGES NE REPRÉSENTENT EN MOYENNE QUE 5 % DES IMPACTS ENVIRONNEMENTAUX DE NOS ALIMENTS[118].

BIO

IL GARANTIT QUE:

✔ aucun engrais, herbicide, insecticide ou encore fongicide de synthèse n'a été utilisé tout au long du cycle de vie du produit ;

✔ une rotation des cultures a été mise en place sur les parcelles ;

✔ des mesures de protection de la biodiversité ont été mises en place sur les parcelles ;

✔ certains additifs alimentaires polémiques n'ont pas été utilisés ;

✔ certains procédés de transformation polluants ou polémiques pour la santé n'ont pas été utilisés[119].

Pour les produits d'origine animale :

✔ l'alimentation donnée aux animaux est elle-même certifiée biologique (donc cultivée sans intrants de synthèse) ;

✔ l'élevage n'est pas un élevage hors-sol ;

✔ certaines pratiques courantes de mutilation des animaux sont interdites ;

✔ le nombre d'animaux par m^2 est limité.

Liste non exhaustive.

118. Source : Rapport « Less Food Loss and Waste, Less Packaging Waste », National Zero Waste Council (Metro Vancouver), mars 2020.
119. Pour la décaféination du café ou la déshydratation de fruits secs, par exemple.

RÉPARTITION MOYENNE DES IMPACTS ENVIRONNEMENTAUX DE RIZ BLANC EMBALLÉ[120]

À RETENIR

- Les impacts des emballages de nos aliments sont bien plus minimes qu'on le pense.
- D'un point de vue environnemental, mieux vaut faire ses courses dans une épicerie biologique (même sans vrac)[121] que dans une épicerie vrac (qui ne propose pas toujours de produits biologiques).

120. Source des chiffres cités : Agribalyse 3.1.1. Répartition moyenne des impacts environnementaux de l'aliment par étape du cycle de vie. Ces impacts sont mesurés en fonction de 16 indicateurs environnementaux pondérés (changement climatique, consommation d'eau, utilisation des sols, utilisation de substances toxiques pour l'être humain, écotoxicité…). **121.** Ou le rayon de produits biologiques de tout magasin.

Zéro emballage ou de saison ?

ZÉRO EMBALLAGE	DE SAISON (LE BON CHOIX)

ZÉRO EMBALLAGE

CE CRITÈRE GARANTIT QUE:

✔ les quantités d'emballages sont plus faibles (il évite les emballages du produit fini, mais pas du produit durant sa transformation, son transport et son stockage).

5 % SEULEMENT DES IMPACTS ENVIRONNEMENTAUX DE NOS ALIMENTS sont dus à leurs emballages[122].

DE SAISON

LE BON CHOIX

CE CRITÈRE GARANTIT QUE:

✔ l'aliment n'a (très probablement) pas été cultivé dans l'hémisphère Sud puis importé par avion ;

✔ l'aliment n'a (très probablement) pas été cultivé sous serre chauffée et éclairée artificiellement.

4 FOIS MOINS DE GAZ À EFFET DE SERRE est émis par une tomate à la bonne saison (entre juin et septembre[123]) qu'une tomate hors saison[124].

40 % DE GAZ À EFFET DE SERRE sont émis en plus pour des fraises consommées en hiver[125] qu'en pleine saison (entre mai et juillet)[126].

122. Source : Rapport « Less Food Loss and Waste, Less Packaging Waste », National Zero Waste Council (Metro Vancouver), mars 2020.
123. En France hexagonale. **124.** Source : « Manger local et de saison : pourquoi c'est essentiel ? », ADEME, 3 novembre 2022. Disponible sur : www.agirpourlatransition.ademe.fr/particuliers/conso/alimentation/manger-local-de-saison-pourquoi-c-est-essentiel **125.** En France hexagonale.
126. Source : « Manger local et de saison : pourquoi c'est essentiel ? », ADEME, art. cit.

Pour aller plus loin

LES POISSONS ET CRUSTACÉS AUSSI ONT DES SAISONS !

On y pense peu : le moment de l'année auquel vous les achetez peut influer grandement sur leurs impacts environnementaux. Il convient par exemple d'éviter leur pêche lors de leur période de reproduction, au risque de menacer cette dernière.

MINI-CALENDRIER DES SAISONS DE POISSONS ET CRUSTACÉS SAUVAGES[127]

	JANV.	FÉV.	MARS	AVRIL	MAI	JUIN	JUIL.	AOÛT	SEPT.	OCT.	NOV.	DÉC.
ANCHOIS							✔	✔	✔	✔	✔	✔
BROCHET				✔	✔	✔						
CALMAR							✔	✔	✔	✔	✔	✔
COLIN	✔	✔	✔	✔	✔	✔						
COQUES	✔	✔	✔				✔	✔	✔			
CREVETTES							✔	✔	✔			
DAURADE				✔	✔	✔						
HARENG				✔	✔	✔						
MAQUEREAU ET SARDINE	✔	✔	✔				✔	✔	✔	✔	✔	✔
MOULES	✔	✔				✔	✔	✔	✔	✔	✔	✔
ROUGET-BARBET							✔	✔	✔	✔	✔	✔
SAUMON		✔	✔	✔	✔	✔	✔	✔				
TOURTEAU							✔	✔	✔			

ATTENTION !
Comme détaillé de la page 92 (« Poisson d'élevage ou poisson sauvage ? »), la consommation de la plupart de ces poissons et crustacés est toutefois à limiter autant que possible, en raison de leurs impacts environnementaux très lourds (y compris en pleine saison).

127. Source : « Calendrier de saison », Manger Bouger (Santé publique France). Disponible sur : www.mangerbouger.fr/manger-mieux/bien-manger-sans-se-ruiner/calendrier-de-saison

Eau en bouteille...

450 FOIS PLUS D'IMPACTS ENVIRONNEMENTAUX (POLLUTION DES SOLS, GAZ À EFFET DE SERRE, CONSOMMATION D'ÉNERGIE...) **QUE L'EAU DU ROBINET**[128].

100 À 400 FOIS PLUS CHÈRE QUE L'EAU DU ROBINET[129].

UNE BOUTEILLE D'EAU **PARCOURT EN MOYENNE 300 KM** AVANT D'ARRIVER CHEZ LE CONSOMMATEUR[130].

… ou eau du robinet ?

LE BON CHOIX

2 000 FOIS MOINS DE GAZ À EFFET DE SERRE ÉMIS PAR 1 L D'EAU DU ROBINET QUE PAR 1 L D'EAU MINÉRALE[131].

LE LITRE D'EAU DU ROBINET COÛTE EN MOYENNE 0,003 €[132].

128. Source : « Écobilan de l'eau portable - Analysée et comparée à l'eau minérale et aux autres boissons », SVGW-Mitglieder (membres SSIGE), *Aqua & Gas* n° 1, 2015. **129.** Source : « Les différences entre eau du robinet et eau en bouteille », consulté sur https://www.cer-eau.fr (Compagnie des eaux de Royan). **130.** Idem. **131.** Source : Impact CO_2 (ADEME). Disponible sur : www.impactco2.fr/outils/boisson/eauenbouteille **132.** Source : « Les différences entre eau du robinet et eau en bouteille », art. cit.

D'OÙ VIENNENT LES IMPACTS ENVIRONNEMENTAUX D'UN LITRE D'EAU MINÉRALE VOLVIC ?[133]

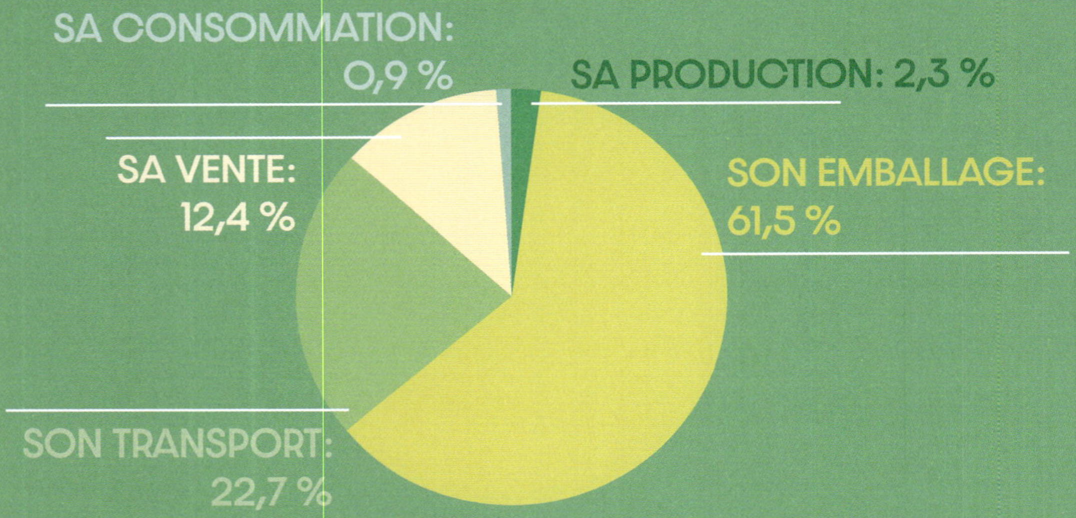

133. Moyennes pour une eau minérale Volvic embouteillée faiblement minéralisée. Source : Agribalyse 3.1.1 (ADEME).

Pour aller plus loin

« L'eau du robinet est plus polluée que l'eau minérale. »

✗ FAUX

En France, l'eau du robinet est soumise à une réglementation différente et parfois bien plus stricte que celle en bouteille. Certaines eaux minérales ne sont ainsi pas conformes aux critères qui définissent une « eau potable » et seraient ainsi refusées en réseau public de distribution. Concernant le fluor par exemple, la limite fixée pour l'eau du robinet est à 1,5 mg/L alors que les eaux minérales peuvent en contenir jusqu'à 5 mg/L[134].

Ni l'eau en bouteille ni l'eau du robinet ne sont exemptes de risques de pollution. Au-delà même de la pollution de l'eau à la source, les conditions de stockage (durée, température, exposition à la lumière…), et le matériau de l'emballage (plastique ou verre, par exemple) notamment, peuvent impacter négativement la qualité de l'eau.

Dans un rapport de 2023, l'ONU affirme d'ailleurs que les eaux en bouteille ne sont pas toujours plus saines que l'eau du robinet, tant pour ce qui est des apports en minéraux que pour la présence de polluants[135].

« Les bouteilles sont recyclables, donc écologiques. »

✗ FAUX

Recycler un plastique est loin de signifier qu'il n'a pas d'impact. La fabrication même du plastique, qu'il soit recyclé ou non à la fin de sa vie, pollue grandement (extraction du pétrole, raffinage, polymérisation à l'aide de substances chimiques polluantes, etc.). Après son usage, si la bouteille est correctement triée (et cela est loin d'être systématiquement le cas), son recyclage est moins vert qu'on le pense.

Une matière plastique ne peut être recyclée qu'une poignée de fois avant de perdre trop en qualité pour être réutilisée. Il ne s'agit donc pas d'une boucle fermée, comme avec le verre qui, lui, est recyclable à l'infini. Par ailleurs, comme pour tout matériau, le processus de recyclage est énergivore, de sa collecte à son recyclage final en passant par son tri, son nettoyage et son transport souvent transcontinental.

En bref, le recyclage a pour but de limiter les dégâts environnementaux de ces déchets et ne devrait pas être une raison de continuer à en produire massivement.

« L'eau du robinet a un mauvais goût »

✓ SOUVENT VRAI, MAIS…

L'eau du robinet peut avoir un goût désagréable en raison des ajouts de quantités infimes de chlore destiné à la désinfecter. Mais bonne nouvelle : ces molécules sont volatiles. Il vous suffit de laisser l'eau dans une carafe quelques heures et l'odeur et le goût du chlore disparaîtront. Tout simplement !

À RETENIR

- Consommer le moins possible d'eau en bouteille est une action écologique facile, efficace et économique.
- L'eau du robinet est plus contrôlée que l'eau en bouteille.
- L'eau minérale peut elle aussi être polluée (à la source ou à cause de son emballage plastique, par exemple).

134. Source : « Guide d'achat - Quelle eau boire ? Eau du robinet, eau en bouteille ou eau filtrée », *UFC-Que Choisir*. Disponible sur : www.quechoisir.org/guide-d-achat-quelle-eau-boire-n4855 **135.** Source : *« Global Bottled Water Industry: A Review of Impacts and Trends »*, Z. Bouhlel, J. Köpke, M. Mina et V. Smakhtin, United Nations, University Institute for Water, Environment and Health, 2023. Disponible sur : collections.unu.edu/view/UNU:9106

Eau pétillante en bouteille ou machine à gazéifier ?

EAU PÉTILLANTE EN BOUTEILLE	MACHINE À GAZÉIFIER (l'eau du robinet) LE BON CHOIX
9,4 FOIS PLUS D'IMPACTS ENVIRONNEMENTAUX (pollution des sols, gaz à effet de serre, consommation d'énergie…) qu'avec une machine à gazéifier[136].	**730 BOUTEILLES PLASTIQUE ÉVITÉES PAR AN** (pour une consommation du foyer de 2 litres par jour en bouteilles d'un litre).
240 000 PARTICULES DE PLASTIQUE dans 1 litre d'eau en bouteille[137].	**1 PETITE CARTOUCHE DE GAZ = 40 À 60 LITRES D'EAU GAZÉIFIÉE[138].**

136. Voir le détail dans le graphique qui suit. **137.** En moyenne, pour l'eau en bouteille plastique. Source : « Rapid single-particle chemical imaging of nanoplastics by SRS microscopy », N. Qian, X. Gao, X. Lang, H. Deng, T.M. Bratu, Q. Chen, P. Stapleton, B. Yan et W. Min, *PNAS USA,* 8janvier 2024 , 121(3) : e2300582121. doi : 10.1073/pnas.2300582121. Epub 2024 Jan 8. PMID : 38190543 ; PMCID : PMC10801917. **138.** Pour une eau « moyennement gazéifiée » selon les recommandations de la majorité des fabricants. Pour une cartouche de CO_2 universelle. Source : « Machines à gazéifier : des bulles vraiment économiques et écologiques ? », *UFC-Que Choisir,* 15 avril 2024.

QUELS SONT LES IMPACTS ENVIRONNEMENTAUX DE MON EAU PÉTILLANTE ?

En unités de charge écologique[139]

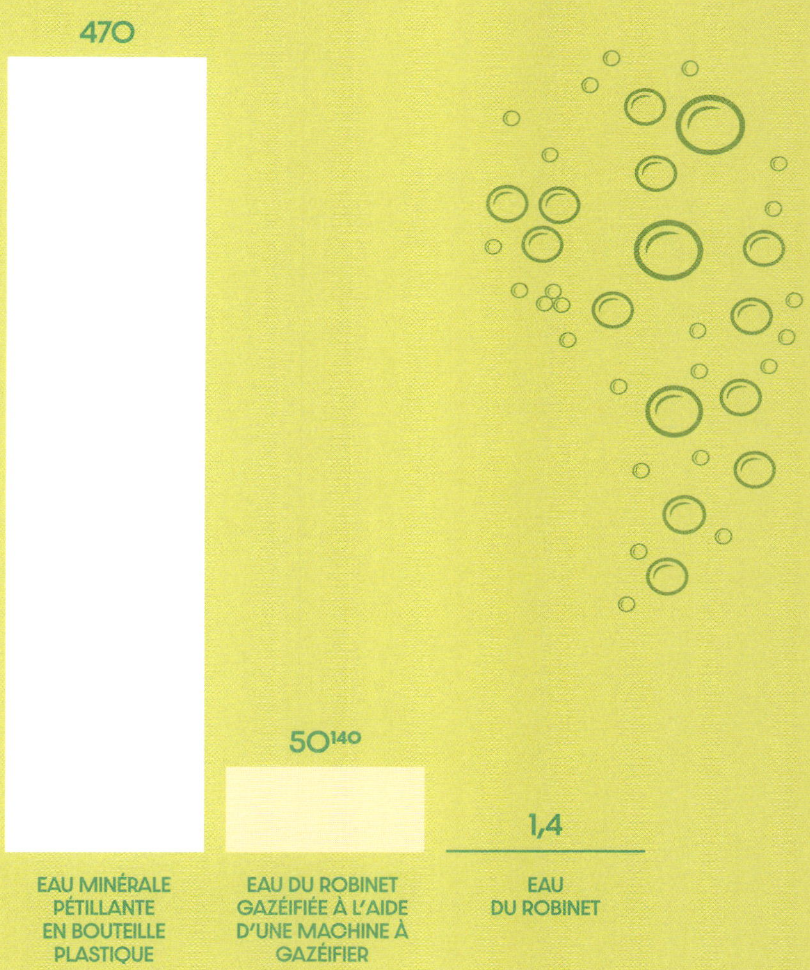

139. Cette méthodologie vise à évaluer les différents impacts environnementaux du produit tout au long de son cycle de vie : ressource en énergie, consommation d'eau, polluants organiques persistants, déchets (radioactifs et non radioactifs), pollutions des eaux, métaux lourds dans l'atmosphère, changement climatique, utilisation des sols, destruction de la couche d'ozone, etc. Source : SVGW-Mitglieder (membres SSIGE), art. cit.
140. Dans le scénario d'une utilisation de la machine durant au moins 5 ans à raison de 2 litres par jour.

Brique en carton ou bouteille en plastique ?

LE BON CHOIX

BRIQUE EN CARTON

(type Tetra Pak)

45 % DE CO_2 EN MOINS

par rapport à une bouteille plastique (tout au long de leur cycle de vie)[141].

Les briques en carton sont difficilement recyclables. Malgré cela, elles restent en moyenne plus écologiques.

BOUTEILLE EN PLASTIQUE

(exemple pour une bouteille en plastique [PET] classique, non recyclé)

57 % DE RESSOURCES FOSSILES

consommées en plus, par rapport à une brique en carton[142].

141. « Environnement : la supériorité de la brique carton », François Morel, *Process Alimentaire*, 11 septembre 2012. Disponible sur : www.processalimentaire.com/emballage/environnement-la-superiorite-de-la-brique-carton-22055 **142.** Idem.

Pour aller plus loin

« Les briques en carton sont des emballages sans plastique. »

✗ FAUX

Bien que globalement plus écologiques que les bouteilles en plastique et malgré leur nom, les briques en carton sont elles aussi composées de plastique. Il s'agit d'une succession de couches de plastique, carton et aluminium collées entre elles.
Il est ainsi très complexe de les séparer, ce qui explique qu'elles ne sont que très peu recyclables (les couches de plastique et d'aluminium ne peuvent pas être recyclées).

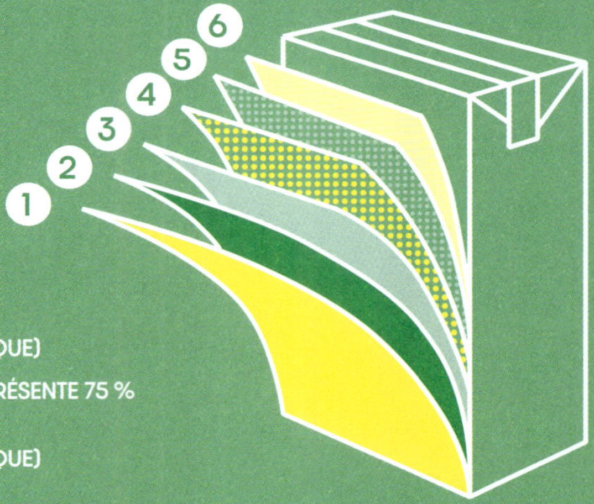

1. POLYÉTHYLÈNE (PLASTIQUE)
2. CARTON IMPRIMÉ (REPRÉSENTE 75 % DE L'EMBALLAGE)
3. POLYÉTHYLÈNE (PLASTIQUE)
4. ALUMINIUM
5. POLYÉTHYLÈNE (PLASTIQUE)
6. POLYÉTHYLÈNE (PLASTIQUE)

« La bouteille en plastique, elle, est bien mieux recyclée. »

✓ VRAI, MAIS...

Composés d'un seul matériau (le polytéréphtalate d'éthylène ou PET), les bouteilles et bidons en plastique sont en effet plus facilement recyclables. Mais :

- le PET n'est recyclable qu'une poignée de fois avant de perdre trop en qualité et ainsi devoir être traité en incinérateur ou en décharge ;
- leur fabrication est particulièrement polluante.

Malgré leur meilleure recyclabilité en fin de vie, elles sont donc globalement moins écologiques que les briques en carton.

« BRIQUE EN CARTON OU BOUTEILLE EN PLASTIQUE : DANS LES DEUX CAS, MA BOISSON EST EN CONTACT AVEC DU PLASTIQUE. »

✓ VRAI

Comme indiqué sur le schéma en page 113, la dernière couche intérieure d'une brique étant un plastique, votre boisson sera en contact direct avec cette matière, comme dans une bouteille en plastique. Difficile donc de départager les deux en ce qui concerne les risques de migrations de substances nocives pour la santé. Aujourd'hui, les emballages présentant en moyenne le moins de dangers sanitaires sont ceux en verre.

✗ FAUX, MAIS...

« LE VERRE EST DONC LA SOLUTION LA PLUS ÉCOLO. »

Bien que 100 % recyclable, et ce à l'infini, il est particulièrement lourd à transporter et énergivore à recycler (fonte à 1 500 °C). Il présente donc un bilan environnemental en général plus lourd que le reste des emballages.

Mais il est le plus sûr pour la santé du consommateur.

À NOTER

Nous parlons ici d'un emballage en verre à usage unique. Lorsqu'il est lavé et réutilisé de nombreuses fois tel quel (s'il est consigné, par exemple), son bilan environnemental est bien plus favorable.

À RETENIR

- Les briques en carton sont plus écologiques que les bouteilles en plastique.
- Et ce, même si elles ne sont que peu recyclables.
- Votre boisson est en contact avec du plastique dans les deux cas.
- Le verre est l'option la plus sûre pour la santé.

Plastique sans BPA ou verre ?

PLASTIQUE SANS BPA		VERRE (LE BON CHOIX)	
RESSOURCE NATURELLE :	☆ ☆ ☆	RESSOURCE NATURELLE :	★ ★ ★
BASSE CONSOMMATION D'ÉNERGIE LORS DE LA FABRICATION :	★ ★ ★	BASSE CONSOMMATION D'ÉNERGIE LORS DE LA FABRICATION :	☆ ☆ ☆
RECYCLABILITÉ :	★ ☆ ☆	RECYCLABILITÉ :	★ ★ ★
INNOCUITÉ POUR LA SANTÉ :	★ ☆ ☆	INNOCUITÉ POUR LA SANTÉ :	★ ★ ★

BIEN QU'IMPARFAIT, LE VERRE EST LE GRAND GAGNANT

(pour l'environnement et la santé)[143].

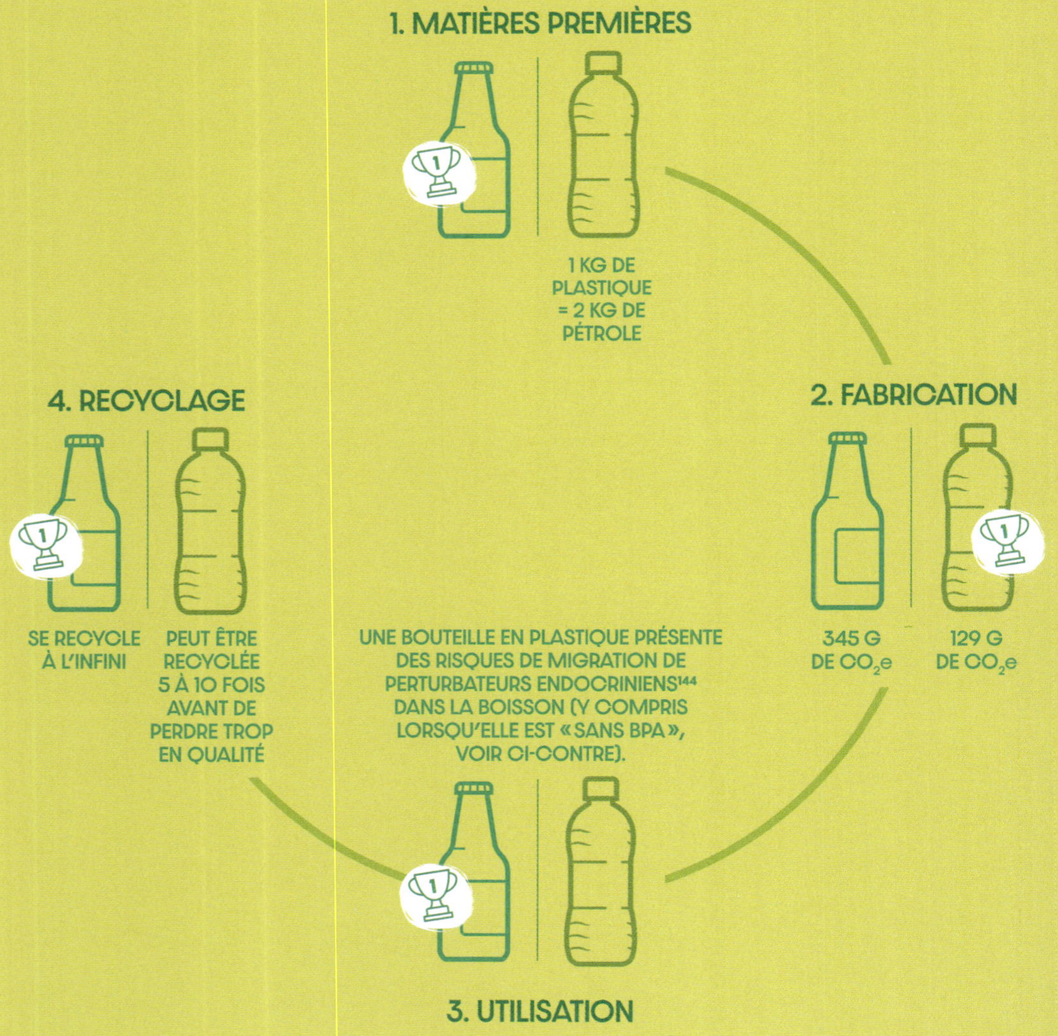

143. Les chiffres cités dans l'illustration qui suit concernent un plastique PET transparent vierge. Source : « Quiz carbone : verre ou plastique ? », Julie Chansel, *We Demain,* 3 décembre 2020. **144.** Substances pouvant être cancérigènes (augmentation des risques de cancers), mutagènes (modification de l'ADN) ou reprotoxiques (altération de la fertilité).

Pour aller plus loin

« C'est sans BPA, donc c'est sans danger pour la santé ! »

✗ FAUX

Le BPA (bisphénol A) est un additif utilisé dans la fabrication de certains plastiques et pointé du doigt pour ses dangers pour la santé humaine. Mais attention, l'absence d'une substance nocive ne garantit pas l'absence d'autres substances tout aussi nocives ! D'ailleurs, le bisphénol A est souvent remplacé par le bisphénol S, qui présenterait potentiellement lui aussi des risques pour la santé[145].

« Les boîtes de conserve aussi sont concernées. »

✓ VRAI

Car vos boîtes de conserve ne sont pas uniquement composées de métal ! Leur paroi intérieure est couverte d'une résine époxy, fabriquée à base de pétrole et contenant elle aussi souvent des bisphénols.

« Les plastiques sans BPA sont plus écolos. »

✗ FAUX

Le bisphénol A est avant tout une substance polémique pour la santé. Il n'a pas d'impacts environnementaux notoires (du moins, pas plus que la majorité des substances utilisées dans la conception des plastiques). Sa présence ou non n'influe pas le bilan environnemental de votre bouteille ou de votre gourde.

« L'idéal est le verre consigné. »

✓ VRAI

Le bilan carbone lourd du verre est significativement réduit par son réemploi. Ainsi, sa réutilisation tel quel sans fonte (à la différence de son recyclage) est optimale. C'est par exemple le cas pour les emballages en verre consigné[146], qui seront simplement lavés et réutilisés.

À retenir

- L'absence de BPA ne garantit pas l'absence d'autres substances aussi problématiques pour la santé.
- L'absence de BPA est une obligation légale dans les matériaux en contact alimentaire dans l'Union européenne.
- L'absence de BPA n'a pas de lien avec l'impact écologique du produit.
- Les plastiques sont plus polluants que le verre (malgré le fait que la fabrication de ce dernier soit énergivore).
- Le verre est le matériau d'emballage le plus sûr pour la santé.

145. Source : « Bisphenol A and bisphenol S disruptions of the mouse placenta and potential effects on the placenta–brain axis », J. Mao, A. Jain, N. D. Denslow, M.-Z. Nouri, S. Chen, T. Wang, N. Zhu, J. Koh, S. J. Sarma, B. W. Sumner, Z. Lei, L. W. Sumner , N. J. Bivens , R. M. Roberts , G. Tuteja et C. S. Rosenfeld, *Proceedings of the National Academy of Sciences,* 2020, 117*(9), 4642-4652. https://doi.org/10.1073/pnas.1919563117

146. Gare à certaines utilisations trompeuses du terme « consigne ». La « consigne pour réemploi » est la plus optimale sur le plan environnemental : on lave et on réutilise l'objet, sans transformation. En revanche, la « consigne pour recyclage » signifie qu'une fois rendu, l'emballage sera recyclé – exactement comme si vous le jetiez dans une borne de recyclage classique de verre – c'est-à-dire fondu à 1 500 °C pour créer un nouvel emballage/objet. Ce processus est évidemment plus énergivore.

Occasion emballé ou neuf sans emballage ?

LE BON CHOIX

OCCASION EMBALLÉ

< 1 KG DE DÉCHETS

PRODUITS PAR L'EMBALLAGE

(colis) d'un jean acheté d'occasion sur internet.

L'achat d'occasion permet d'éviter la fabrication d'un nouvel objet. Comparés avec ces impacts massifs évités, ceux d'un emballage sont minimes.

NEUF SANS EMBALLAGE

49 KG DE DÉCHETS

PRODUITS PAR LA FABRICATION

d'un jean neuf en moyenne[147].

De la production des matières premières à l'assemblage final du vêtement, les impacts environnementaux et sociaux sont nombreux : consommation massive d'eau pour la culture du coton, teintures fortement polluantes et souvent rejetées dans la nature (dans de nombreuses usines sur le continent asiatique, notamment), conditions de travail délétères des ouvriers et ouvrières, etc.

127 KG DE DÉCHETS

POUR LA FABRICATION D'UNE TABLE NEUVE.

2 TONNES DE DÉCHETS

POUR CELLE D'UN MICRO-ONDES NEUF[148].

147. Source : www.riendeneuf.org **148.** Idem.

Papier recyclé ou recyclable ?

LE BON CHOIX

PAPIER RECYCLÉ

Définition : papier fabriqué à partir de fibres de papier déjà utilisées, qui ont été récupérées et transformées pour donner un nouveau papier.

RÉUTILISE

D'ANCIENS DÉCHETS PAPIER/CARTON ET ÉVITE DONC LA PERTE DE CES MATÉRIAUX.

RÉDUIT

LA DEMANDE EN RESSOURCES NATURELLES (BOIS).

RÉDUIT

L'ÉNERGIE NÉCESSAIRE À LA PRODUCTION DU PAPIER.

PAPIER RECYCLABLE

Définition : papier qui techniquement pourrait être retransformé en nouveau papier après son usage, s'il est trié correctement. Cela n'apporte aucune information sur la provenance du papier.
En général, si rien n'est précisé, il s'agit d'un papier vierge, c'est-à-dire non recyclé. Il a donc nécessité la culture et l'abattage d'arbres et la fabrication de pâte à papier vierge.

PERMET

AU PAPIER D'ÊTRE RÉUTILISÉ ET TRANSFORMÉ APRÈS SON USAGE S'IL EST TRIÉ CORRECTEMENT ET N'EST PAS SOUILLÉ.

À noter : en réalité et sauf rares exceptions, tous les papiers et cartons sont recyclables. La mention d'un emballage papier « recyclable » ne montre donc pas nécessairement un engagement particulier de la part de la marque, si celui-ci était déjà en papier ou carton !

Pailles en papier...

Il nous semble important ici de préciser que les pailles ne représentent des impacts que très minimes à l'échelle d'un individu. Elles ne sont donc pas parmi les actions prioritaires à mettre en place dans son quotidien lorsque l'on souhaite éviter un maximum d'impacts environnementaux.

UNE MAJORITÉ DES PAILLES EN PAPIER DU MARCHÉ CONTIENDRAIENT AUJOURD'HUI DES PFAS[149], PERMETTANT DE RENDRE LE PAPIER IMPERMÉABLE.

Appartenant aux «polluants éternels», ces substances sont presque indestructibles et s'accumulent dans l'eau, les sols et l'air. Elles présentent notamment des risques pour la faune, la flore et la santé humaine.

FABRICATION À L'IMPACT ENVIRONNEMENTAL FAIBLE : ★★★

PAILLE RÉUTILISABLE DE NOMBREUSES FOIS : ☆☆☆

ABSENCE DE POLLUANTS ÉTERNELS (NOCIFS POUR LA SANTÉ ET L'ENVIRONNEMENT) : ☆☆☆[150]

RECYCLABILITÉ EN FIN DE VIE : ★☆☆

149. Source : «Assessment of poly- and perfluoroalkyl substances (PFAS) in commercially available drinking straws using targeted and suspect screening approaches», P. Boisacq, M. De Keuster, E. Prinsen, Y. Jeong, L. Bervoets, M. Eens, … T. Groffen, *Food Additives & Contaminants: Part A*, 2023, *40*(9), 1 230–1 241. https://doi.org/10.1080/19440049.2023.2240908 **150.** Idem.

... ou paille lavable en inox ?

LE BON CHOIX

37 À 63 :
C'EST LE NOMBRE D'UTILISATIONS DE VOTRE PAILLE EN INOX QUI VOUS PERMET EN MOYENNE DE RENTABILISER ENTIÈREMENT L'IMPACT DE SA FABRICATION[151].

FABRICATION À L'IMPACT ENVIRONNEMENTAL FAIBLE : ★☆☆

PAILLE RÉUTILISABLE DE NOMBREUSES FOIS : ★★★

ABSENCE DE POLLUANTS ÉTERNELS (NOCIFS POUR LA SANTÉ ET L'ENVIRONNEMENT) : ★★★[152]

RECYCLABILITÉ EN FIN DE VIE : ★★★

Parmi les pailles lavables, celles en inox semblent les plus intéressantes en raison notamment de leur solidité et donc leur durée de vie particulièrement longue.

151. Par rapport à des pailles en plastique à usage unique. Source : « Plastique ou papier : la vérité sur les pailles », Ally Hirschlag, *BBC News Afrique*, 14 nov. 2023. **152.** Source : « Assessment of poly- and perfluoroalkyl substances (PFAS) in commercially available drinking straws using targeted and suspect screening approaches », P. Boisacq, M. De Keuster, E. Prinsen, Y. Jeong, L. Bervoets, M. Eens, … T. Groffen, Food Additives & Contaminants: Part A, 2023, 40(9), 1 230–1 241. https://doi.org/10.1080/19440049.2023.2240908

Emballage cadeau en tissu…

(type *furoshiki*[153] acheté dans le commerce)

20 000 : C'EST LE NOMBRE DE FOIS QU'IL FAUDRAIT LE RÉUTILISER POUR AMORTIR SON EMPREINTE ÉCOLOGIQUE[154] (EN COMPARAISON AVEC UN PAPIER KRAFT).

LE COTON :
SA CULTURE EST TRÈS GOURMANDE EN EAU.

LA SOIE :
ELLE NÉCESSITE L'USAGE DE NOMBREUX PESTICIDES ET L'ÉBOUILLANTAGE DES VERS VIVANTS.

LES TISSUS SYNTHÉTIQUES
(COMME LE POLYESTER) : LEUR FABRICATION SE FAIT À PARTIR DE PÉTROLE ET ÉMET DE GRANDES QUANTITÉS DE GAZ À EFFET DE SERRE.

S'y ajoutent les pollutions des eaux et de l'air liées à la teinture des tissus.

Attention, nous parlons ici des emballages cadeaux en tissu achetés neufs spécialement à cet effet et non de tissus de récup (chutes de tissu de couture, nappe trouée transformée, etc.) qui, eux, sont l'option idéale.

153. Ces carrés de tissus, inspirés d'une technique japonaise de pliage et nouage des textiles, sont des alternatives réutilisables commercialisées en France depuis quelques années. **154.** Ce chiffre, publié par l'Agence de protection de l'environnement danoise, concerne la comparaison entre un sac de courses réutilisable en coton et des sacs de courses en papier. Les matériaux et les quantités utilisées étant similaires à ceux de notre scénario d'emballages cadeaux, nous avons choisi de l'appliquer ici. Source : « Papier cadeau - L'emballage en tissu, pas si vert », *UFC-Que Choisir,* 15 décembre 2023.

… Ou emballage cadeau en papier ?

100 À 150 FOIS MOINS DE CO_2 ÉMIS POUR DU PAPIER KRAFT QUE POUR DU COTON NEUF[155].

Pour faire mieux,

ÉVITER ABSOLUMENT
LES PAPIERS CADEAUX EN PLASTIQUE (INDÉCHIRABLES).

PRIVILÉGIER
UN PAPIER CADEAU NON GLACÉ ET SANS PAILLETTES (TYPE PAPIER KRAFT).

L'idéal est toutefois de limiter l'usage de papier cadeau neuf et de préférer de la récup : jolies pages de magazines, sacs papier récupérés, tissus de récup…

155. Idem.

Sapin artificiel ou sapin naturel ?

SAPIN ARTIFICIEL

AU MOINS 20 ANS:

C'EST LE TEMPS NÉCESSAIRE POUR AMORTIR L'EMPREINTE D'UN SAPIN ARTIFICIEL EN L'UTILISANT TOUS LES ANS[156].

Même s'ils sont réutilisables, les sapins artificiels du commerce présentent un bilan écologique bien plus lourd, en raison de leur fabrication à base d'aluminium et de pétrole dans des pays asiatiques aux normes environnementales peu exigeantes.

LE BON CHOIX

SAPIN NATUREL

Contrairement à une idée reçue,

LES SAPINS NATURELS SONT CULTIVÉS SPÉCIALEMENT

pour leur vente. Ils ne contribuent donc pas à la déforestation. Ce sont par ailleurs de grands indépendants : ils ne nécessitent en général ni irrigation ni engrais.

À NOTER

Leur culture nécessite en revanche souvent l'usage de pesticides polluants et se fait généralement en monoculture sur plusieurs hectares (pas top, niveau biodiversité).

Après les fêtes, déposez votre sapin naturel en déchetterie ou dans un point de collecte pour assurer son recyclage (compostage ou broyage pour utilisation en paysagisme). Mais fuyez les sapins naturels recouverts de flocage (fausse neige), paillettes et/ou peinture, qui empêcheraient son compostage/recyclage. Il finirait alors incinéré dans les ordures.

156. Source : « Un sapin de Noël vraiment vert », ADEME, 29 novembre 2023.

POUR FAIRE ENCORE MIEUX...

Si vous optez pour un sapin naturel

- Le privilégier si possible certifié par un des labels suivants pour une arboriculture plus éthique :

Si vous optez pour un sapin artificiel

- (L'idéal) L'acheter d'occasion (direction Leboncoin, le Marketplace de Facebook, Vinted ou des ressourceries).
- En acheter un entièrement en bois (même s'il est neuf, son bilan environnemental sera bien plus léger qu'un sapin classique en plastique et alu).
- En fabriquer un soi-même avec des matériaux de récup (internet regorge de tutos faciles).

Si vous souhaitez vraiment acheter un sapin artificiel neuf, évitez les modèles aux guirlandes électriques intégrées car elles ne sont pas remplaçables lorsqu'elles tombent en panne.

Pour aller plus loin

« EN PLUS, UN SAPIN NATUREL A UN BILAN CARBONE POSITIF ! »

✗ FAUX

Attention à cet argument quelque peu « capillotracté », selon lequel un sapin naturel présente un bilan carbone positif car il capterait du CO_2. Un jeune arbre ne peut capter que peu de carbone, qu'il relarguera d'ailleurs quasi en totalité lorsqu'il sera coupé.

À RETENIR

- La fabrication d'un sapin artificiel neuf est très polluante.
- Il n'est souvent pas l'option la plus écologique, bien qu'il soit réutilisable.
- Un sapin naturel présente moins d'impacts environnementaux.
- La solution idéale reste un sapin artificiel acheté d'occasion ou de récup.

CHAPITRE 08

Quand on veut équiper sa maison plus écoresponsable

Lave-linge/vaisselle : mode rapide ou mode éco ?

MODE RAPIDE

70 %
DE LA CONSOMMATION D'ÉLECTRICITÉ
d'un lave-linge sert à chauffer l'eau[157].

En général, plus un cycle est rapide, plus il nécessite une chauffe de l'eau rapide et importante.
Cela consomme plus d'électricité et use davantage la résistance électrique de la machine.

MODE ÉCO

LE BON CHOIX

2 FOIS MOINS
D'ÉNERGIE
est consommée par un cycle éco à 30 °C qu'un cycle classique à 60 °C (en moyenne pour un lave-linge)[158].

Pour économiser encore plus d'énergie et d'eau, préférez les lavages peu chauds (froids ou 30 °C pour le linge classique) et faites fonctionner votre machine uniquement à pleine charge.

UN CYCLE ÉCO EST PLUS LONG,
CE QUI LE REND PLUS ÉCONOME:
lors d'un cycle court, la montée en température est non seulement plus haute mais aussi plus brutale. Ces deux facteurs augmentent beaucoup la consommation d'électricité que lors d'un cycle éco, où la montée en température est plus progressive et moins élevée (le temps de trempage et de lavage étant plus long, la température n'a pas besoin d'être aussi élevée qu'en cycle rapide, pour obtenir le même résultat).

157. Source : « Lave-linge : quel programme consomme le moins d'énergie ? », Ekwateur, 23 août 2023. **158.** Idem.

Réfrigérateur neuf basse conso ou réfrigérateur d'occasion ?

RÉFRIGÉRATEUR NEUF BASSE CONSOMMATION

26 % SEULEMENT
DES GAZ À EFFET DE SERRE ÉMIS

par un réfrigérateur tout au long de sa vie sont imputables à sa consommation d'électricité lors de son usage (pour une durée de vie de 10 ans).

1,75 TONNE
DE MATIÈRES

sont mobilisées en moyenne pour la fabrication d'un réfrigérateur neuf[159].

Bon à savoir

Si vous devez/voulez vraiment acheter un frigo neuf, il devient alors important de comparer les consommations électriques. Optez pour le frigo le mieux classé dans les classes énergétiques. Attention à comparer des modèles du même type : un frigo classique classé B consomme souvent moins qu'un frigo américain classé A.

RÉFRIGÉRATEUR D'OCCASION

LE BON CHOIX

74 %
DES GAZ À EFFET DE SERRE ÉMIS

par un réfrigérateur tout au long de sa vie sont imputables à sa fabrication (pour une durée de vie de 10 ans)[160]. Rallonger la durée de vie d'un réfrigérateur (en le réparant, en l'achetant d'occasion, etc.) permet d'amortir davantage les impacts massifs de sa fabrication.

Certes, passé l'âge de 10 ans, la consommation électrique d'un réfrigérateur peut passer d'initialement 200 kWh à plus de 450 kWh[161]. Mais attention aux conclusions hâtives ! Ces impacts supplémentaires restent minimes comparés à ceux de la fabrication d'un réfrigérateur neuf.

159. Source : « La face cachée des objets : vers une consommation responsable », ADEME, dossier de presse de septembre 2018.
160. Source : www.impactco2.fr **161.** Source : « Quelle consommation électrique pour un frigo ? », Maîtriser mon énergie, 14 juin 2024.

Produits ménagers : faits maison ou achetés en vrac ?

ÉCOLO

PRODUITS MÉNAGERS FAITS MAISON

✔ Impacts environnementaux et sanitaires du produit drastiquement réduits.

✘ Impacts des emballages pas nécessairement réduits (impacts toutefois en moyenne minimes).

LES PRODUITS MÉNAGERS MAISON UTILISENT EN MOYENNE DES INGRÉDIENTS BIEN PLUS RESPECTUEUX DE LA SANTÉ ET DE L'ENVIRONNEMENT QUE LEURS ÉQUIVALENTS PRÊTS À L'EMPLOI DU COMMERCE.

PRODUITS MÉNAGERS EN VRAC

✔ Impacts des emballages drastiquement réduits (impacts toutefois en moyenne minimes).

✘ Impacts environnementaux et sanitaires du produit pas nécessairement réduits (impacts en moyenne majeurs).

LE CONDITIONNEMENT D'UN PRODUIT N'APPORTE EN SOI AUCUNE GARANTIE SUR LA COMPOSITION DU PRODUIT LUI-MÊME.

Or c'est cette dernière qui détermine la grande majorité du bilan écologique de nos produits ménagers.

SELON QUELS CRITÈRES DOIS-JE CHOISIR MES PRODUITS MÉNAGERS ?

Les garanties citées ici ne sont pas exhaustives.
Elles se veulent représentatives des principaux impacts évités en fonction de chaque critère.

LES CRITÈRES	LE VRAC	L'ÉCOLABEL ATTENTION, PAS N'IMPORTE LESQUELS ! NOUS PARLONS ICI DES ÉCOLABELS FIABLES ET EXIGEANTS COMME : ECOCERT ECODÉTERGENT – EU Ecolabel www.ecolabel.eu – NATURE & PROGRÈS	FAIT MAISON (À PARTIR DE BICARBONATE DE SOUDE, DE VINAIGRE BLANC, D'ACIDE CITRIQUE ET DE SAVON NOIR, PAR EXEMPLE) SOLUTION IDÉALE
CE QU'ILS GARANTISSENT	**Pas (ou peu) d'emballage (les impacts évités sont mineurs).**	**Impacts du produit lui-même réduits, notamment car : - les ingrédients sont biodégradables, - le produit est efficace à basse température, - 95 % des ingrédients sont d'origine naturelle.**	**Impacts du produit lui-même extrêmement réduits car : - les ingrédients utilisés sont très peu transformés, 100 % d'origine naturelle, biodégradables et ne présentant pas de toxicité pour les écosystèmes.**

Notons toutefois que, dans les faits, la majorité des produits ménagers en vrac se trouvent être également écolabellisés.

À RETENIR

- Ce qui compte vraiment (pour l'environnement et pour la santé), c'est la composition du produit (l'emballage, lui, n'est que peu impactant en comparaison).
- S'il n'y a pas l'un des écolabels fiables cités ci-dessous, le vrac ne garantit pas que votre produit ménager soit vraiment plus écologique.
- Si vous ne souhaitez pas fabriquer certains produits vous-même, les écolabels fiables sont une bonne solution.
- L'idéal est de faire le ménage avec des produits simples et efficaces, comme le bicarbonate de soude, le vinaigre blanc (ou l'acide citrique, sa version en poudre sans odeur) ou encore le savon noir.

Acheter ou louer un appareil ?

Cette question se pose évidemment plutôt pour les appareils dont l'usage n'est qu'occasionnel : une perceuse, un appareil à raclette, une tente de camping, une combinaison de ski, une tronçonneuse, une tenue de mariage…

ACHETER UN APPAREIL

2,5 TONNES:
C'EST LA QUANTITÉ D'OBJETS
que chaque foyer possède en moyenne[162].

18 FOIS LEUR POIDS:
C'EST LA QUANTITÉ DE MATIÈRE
qu'il a fallu mobiliser en moyenne pour les fabriquer[163].

2,7 PLANÈTES:
C'EST CE QU'IL FAUDRAIT
pour répondre aux besoins de l'humanité sans mettre en péril les besoins des générations qui suivent si tout le monde vivait comme les Français[164].

LOUER UN APPAREIL

(ou l'emprunter)

LE BON CHOIX

✔ **OPTIMISE**
FORTEMENT LES IMPACTS
de la fabrication de l'objet (un objet sert à de nombreux utilisateurs) ;

✔ **RALLONGE**
LA DURÉE D'USAGE DE L'OBJET ;

✔ **EST PLUS ÉCONOMIQUE**
(POUR LES OBJETS DONT L'USAGE EST OCCASIONNEL) ;

✔ **CRÉE**
DES EMPLOIS LOCAUX
(pour assurer le service de location et de réparation).

162. Source : « L'économie circulaire en 10 questions », ADEME, éd. décembre 2019. **163.** Idem. **164.** Idem.

LA LOCATION (OU LE PRÊT) D'OBJETS : UN PILIER DE L'ÉCONOMIE CIRCULAIRE

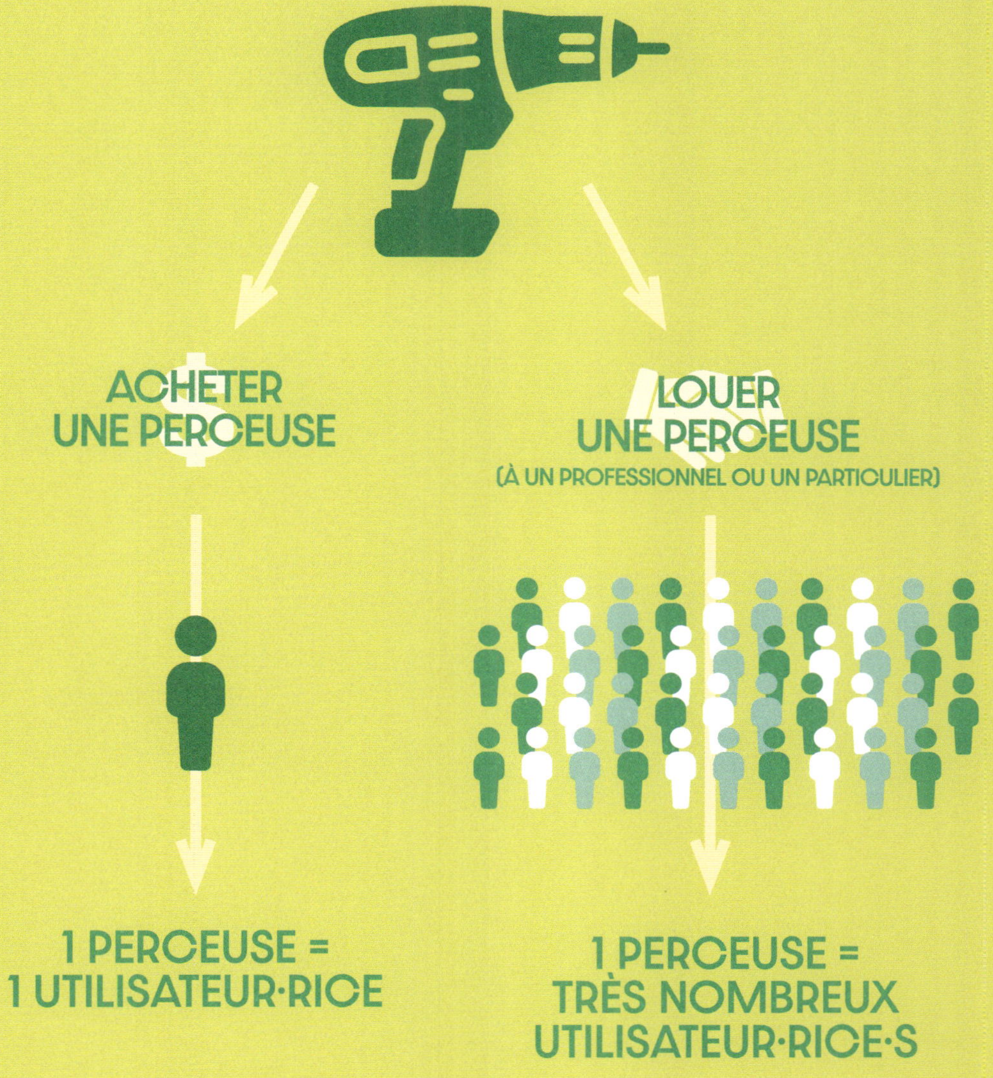

OÙ ET QUOI LOUER/EMPRUNTER ?

AUPRÈS D'UN PROFESSIONNEL

- **La location de petits et gros appareils de bricolage, entretien et nettoyage :** ponceuse, perceuse, décolleuse à papier peint, nettoyeur vapeur, nettoyeur à haute pression, etc. Pour cela, rendez-vous chez les professionnels classiques de la location : Kiloutou, Loxam, etc.

- **La location de vêtements :** de plus en plus de boutiques ou de plateformes en ligne proposent de louer des tenues habillées ou même des vêtements pour bébés et enfants.

- **La location de jouets pour enfants :** des plateformes en lignes comme Petit Sioux, Lib&Lou et Les jouets voyageurs proposent la location d'une box de jouets pour bébés, pour un renouvellement permanent des jouets de votre petit·e sans avoir à rien acheter.

- **La location de livres et de jeux de société :** rendez-vous en médiathèque, bibliothèque et ludothèque.

ENTRE PARTICULIERS

- Des sites internet comme Kiwiiz ou AlloVoisins permettent de louer pour quelques euros les objets d'un particulier **(outils de bricolage, de jardinage ou d'entretien, équipements de sport, petit électroménager…)** ou de mettre en location les vôtres.

À RETENIR

- Les matières consommées pour fabriquer un seul objet se comptent souvent en dizaines, voire centaines de kilos (parfois en tonnes pour certains objets électroménagers).
- Réduire ses achats d'objets neufs fait partie des gestes les plus efficaces que vous puissiez mettre en place pour réduire votre empreinte écologique.
- La location (ou l'emprunt entre proches/voisins) d'objets à l'usage occasionnel est une excellente alternative écologique et économique.

Déposer un meuble dans les encombrants ou le donner en ligne ?

DÉPOSER UN MEUBLE DANS LES ENCOMBRANTS

- ✘ Les objets collectés lors des collectes de déchets encombrants ou dans les déchetteries ne sont pas réutilisés. Il s'agit seulement de collectes de déchets et non d'objets pouvant encore servir.
- ✘ Une partie seulement est recyclée, c'est-à-dire transformée en matières premières. Le processus de recyclage est énergivore et la matière perd en qualité.
- ✘ Une partie des encombrants ne peut pas être recyclée. Elle est donc détruite en incinérateur ou en décharge.

ÉCOLO LE DONNER EN LIGNE

- ✔ Le meuble est directement réutilisé (voire réparé si besoin) par son nouveau propriétaire.
- ✔ Aucun processus énergivore de recyclage n'est nécessaire.
- ✔ Aucune matière n'est perdue.

Mieux vaut réutiliser ou réparer que recycler ou jeter.

Vous pouvez donner vos meubles, électroménager, high-tech, etc., même cassés, facilement sur Leboncoin (en sélectionnant « Don » au moment de rentrer le prix de votre annonce) ou sur l'appli GEEV.

Ampoule classique ou ampoule connectée ?

LE BON CHOIX

AMPOULE CLASSIQUE

✔ Pas de système électronique.

✔ Recyclage relativement simplifié.

Bon à savoir

Les ampoules basse consommation sont recyclables à 93 %. Elles contiennent des substances dangereuses, comme le mercure, mais aussi des matériaux rares qu'il est primordial de récupérer et de réutiliser. Pour ces raisons, les ampoules ne doivent jamais être jetées dans les ordures ménagères, mais dans des bacs de recyclage d'ampoules, toujours présents à l'entrée des supermarchés, magasins de bricolage, etc.

AMPOULE CONNECTÉE

✘ **Composants électroniques** (puces Wi-Fi ou Bluetooth, capteurs, micro-contrôleurs…) dont la fabrication est polluante (extraction et transformation chimique de nombreux minerais).

✘ **Mobilisation des serveurs numériques mondiaux** lors de chaque échange de données entre l'ampoule et le smartphone.

✘ **Recyclage complexifié et plus polluant** (en raison de la présence du système électronique).

Fournisseur d'électricité verte : n'importe lequel ou un labellisé ?

N'IMPORTE LEQUEL

TOUS LES FOURNISSEURS D'ÉLECTRICITÉ VERTE NE SE VALENT PAS.

Certains se contentent d'acheter des « certificats d'origine » (qui prouvent qu'une certaine quantité d'énergie d'origine renouvelable a bien été produite quelque part en Europe) sans nécessairement encourager le développement des énergies renouvelables en France.

UN LABELLISÉ

LE BON CHOIX

LE LABEL VERTVOLT GARANTIT L'ORIGINE FRANÇAISE

de l'électricité et ainsi le développement des installations de production d'énergie renouvelable en France.

Il existe deux versions du label : « Choix engagé » et « Choix très engagé ». Cette dernière garantit en plus qu'au moins 25 % de l'électricité du fournisseur provient d'installations récentes et sans soutien public (ou « à gouvernance partagée »), et que le fournisseur sensibilise ses clients à la réduction de leur consommation d'électricité.

Pour aller plus loin

Qu'est-ce que c'est, l'électricité verte ?

Lorsqu'on parle d'électricité verte, on fait référence à de l'énergie provenant de sources renouvelables, comme l'éolien, le solaire ou l'hydraulique. Cependant, certains fournisseurs n'achètent pas directement cette énergie renouvelable. À la place, ils utilisent ce qu'on appelle des garanties d'origine.

Les garanties d'origine sont des certificats qui prouvent qu'une certaine quantité d'électricité a bien été produite à partir de sources renouvelables quelque part en Europe. Cependant, cela ne signifie pas que l'électricité injectée dans le réseau est issue de ces sources. En réalité, les fournisseurs peuvent acheter de l'électricité classique tout en achetant des garanties d'origine pour « compenser » et revendiquer une offre d'électricité verte.

Le label VertVolt vous permet d'éviter ce type de pratiques et de choisir très simplement un fournisseur réellement engagé.

Qu'est-ce qu'un fournisseur d'électricité verte vraiment engagé ?

Certains fournisseurs investissent réellement dans des projets renouvelables (ou achètent des garanties d'origines auprès d'organismes qui le font), comme des parcs solaires ou éoliens, et s'approvisionnent directement en électricité propre. Ces fournisseurs sont ceux qui contribuent le plus efficacement à la transition énergétique.

Retrouvez tous les fournisseurs d'électricité verte labellisés VertVolt sur www.agirpourlatransition.ademe.fr/particuliers/vertvolt

EST-IL COMPLIQUÉ DE CHANGER DE FOURNISSEUR D'ÉLECTRICITÉ ?

Non, cela se fait en quelques minutes sur internet ! Aucune intervention physique ne sera d'ailleurs nécessaire. Vous conservez exactement les mêmes branchements au réseau d'électricité classique. Votre fournisseur d'électricité injecte dans le réseau national exactement la même quantité d'électricité verte que celle que vous avez consommée. Qu'ils soient verts ou non, c'est de cette façon que fonctionnent tous les fournisseurs d'électricité.

UN FOURNISSEUR D'ÉLECTRICITÉ VERTE EST-IL PLUS CHER ?

Le prix d'un fournisseur d'électricité verte peut varier, et il n'est pas nécessairement plus cher que le tarif réglementé d'EDF. Certains ont des tarifs similaires, d'autres légèrement plus élevés et d'autres encore fortement plus élevés. Cela varie d'un fournisseur à l'autre, notamment en fonction de sa taille et de ses pratiques.

À RETENIR

- Certains fournisseurs d'électricité dite « verte » sont très engagés.
- Optez autant que possible pour un fournisseur labellisé VertVolt (idéalement : VertVolt « Choix très engagé »).
- Changer de fournisseur d'électricité est très simple et rapide, et ne nécessite aucune intervention physique.
- Un fournisseur d'électricité verte n'est pas nécessairement plus cher que le tarif réglementé.

Couper le chauffage en journée ou le baisser ?

COUPER LE CHAUFFAGE

Consommation nulle d'énergie la journée, mais consommation forte et brutale le soir.

En rentrant le soir dans votre logement froid, votre radiateur tournerait à plein régime. Non seulement cette chauffe intense est très gourmande en énergie, mais en plus, elle a lieu au moment où tous les habitants consomment le plus d'électricité (entre 18 h et 20 h).

LE BON CHOIX LE BAISSER

Consommation faible et répartie dans la journée.

Lorsque vous vous absentez de votre logement la journée, mieux vaut baisser légèrement votre chauffage (à 16 °C par exemple) afin d'y conserver une certaine chaleur. Vous pourrez ensuite le remonter lorsque vous rentrez le soir.

Pour aller plus loin

« À QUELLE TEMPÉRATURE DEVRAIT-ON CHAUFFER SON LOGEMENT ? »

L'ADEME (l'agence de la transition écologique française) recommande de chauffer ses pièces de vie à 19 °C, afin de profiter d'une température confortable et pas excessive, ni pour la planète ni pour son porte-monnaie. En cas d'absence la journée, il est recommandé de baisser à 16 °C.

L'idéal est de programmer à l'avance ses radiateurs/chaudière, si on en a la possibilité. Cela permet d'optimiser sa consommation, notamment en permettant une remontée en température le soir la plus douce et progressive possible.

« ET SI ON PART PLUSIEURS JOURS ? »

Il faut activer le mode « hors gel » (souvent symbolisé par un flocon de neige), qui ne chauffera que très peu en maintenant son logement à 8 °C. Cela permet d'éviter des températures trop basses, qui pourraient endommager les tuyauteries.

« BAISSER SON CHAUFFAGE FAIT-IL VRAIMENT UNE DIFFÉRENCE SUR SA CONSOMMATION D'ÉLECTRICITÉ ? »

Oui, le chauffage est l'un des premiers postes de consommation d'électricité d'un foyer (lorsque le chauffage est électrique, bien sûr). Le réduire d'un simple degré réduira la consommation de 7 % en moyenne[165] !

À RETENIR

- Il n'est jamais recommandé d'éteindre complètement le chauffage de son logement (en hiver).
- Baisser à 16 °C les pièces de vie lors d'une absence pour la journée.
- Baisser à 8 °C en cas d'absence de plusieurs jours.
- Étaler autant que possible sa consommation d'électricité sur la journée en évitant les pics de consommation (chauffe brutale et intense d'une pièce par exemple).

165. Source : « Comment mieux se chauffer ? », ADEME.

Départ en vacances : éteindre son chauffe-eau ou le laisser allumé ?

LE BON CHOIX

ÉTEINDRE SON CHAUFFE-EAU

Faire remonter l'eau en température à son retour de vacances consommera moins d'énergie que de la maintenir chaude inutilement pendant son absence.

ON ÉTEINT SON CHAUFFE-EAU SI:

- on part plus de 3 jours

ET

- on a un chauffe-eau à accumulation (appelé cumulus), qui contient une cuve : il maintient en permanence l'eau à température.

LE LAISSER ALLUMÉ

ON LAISSE SON CHAUFFE-EAU ALLUMÉ SI:

- on part moins de 3 jours

OU

- on a un chauffe-eau instantané (qui ne chauffe l'eau que lorsque le robinet est ouvert : l'éteindre ne réduirait pas sa consommation) ou un chauffe-eau muni d'un dispositif ACI (anti-corrosion intégrale : il protège la cuve de la corrosion grâce à l'électricité, son arrêt n'est donc pas recommandé).

BON À SAVOIR

Régler le thermostat de son chauffe-eau à 50 ou 55 °C pour limiter les risques de brûlure, la consommation d'énergie et l'accumulation de calcaire. En revanche, on ne descend pas en dessous, pour éviter les risques de développement de bactéries pathogènes[166].

166. Source : « Chauffe-eau : comment éviter les surconsommations ? », ADEME.

Chauffage au gaz ou à l'électricité ?

CHAUFFAGE AU GAZ

2340 KG de CO_2e :

C'EST LA QUANTITÉ de gaz à effet de serre émise en moyenne pour chauffer un logement de 60 m² par an à l'aide d'un chauffage au gaz.

Pour limiter les impacts, on règle la température à 19 °C maximum dans les pièces de vie (salon) lorsqu'elles sont occupées et à 17 °C maximum dans les chambres.

CHAUFFAGE À L'ÉLECTRICITÉ

LE BON CHOIX

711 KG de CO_2e :

C'EST LA QUANTITÉ de gaz à effet de serre émise en moyenne pour chauffer un logement de 60 m² par an à l'aide d'un chauffage électrique.

Pour faire encore mieux :

- opter pour un fournisseur d'électricité verte certifié VertVolt (en savoir plus à la page 137) ;
- (si cela est possible) choisir des radiateurs dernière génération (meilleure efficacité énergétique et meilleure répartition de la chaleur dans la pièce) ;
- régler la température à 19 °C maximum dans les pièces de vie (salon) lorsqu'elles sont occupées et à 17 °C maximum dans les chambres.

Chauffage au bois...

LE BON CHOIX : ça dépend ! Difficile ici de déterminer un grand gagnant entre ces deux options, car cela dépend en réalité de nombreux facteurs : type d'équipement, type de combustibles, entretien, sources de l'électricité, etc.

✔ **PEU D'ÉMISSIONS**
DE GAZ À EFFET DE SERRE (PARTICIPANT AU DÉRÈGLEMENT CLIMATIQUE).

✔ **SOURCE D'ÉNERGIE**
RENOUVELABLE (LE BOIS).

Mais attention :

✘ **ÉMISSIONS IMPORTANTES DE POLLUANTS ATMOSPHÉRIQUES**

comme les particules fines, les oxydes d'azote ou les composés organiques volatiles (participant à la pollution de l'air), surtout si toutes les conditions ci-dessous ne sont pas réunies.

ÉCOLOGIQUE SI:

- l'équipement est un poêle fermé ET certifié Flamme Verte

flamme VERTE

ET

- le poêle est entretenu correctement tous les ans (un ramonage ne suffit pas)

ET

- le combustible est composé de granulés de bois (correctement entreposé donc bien sec)

ET

- les granulés possèdent un des écolabels cités en page 146

ET

- l'allumage du feu se fait par le haut.

… ou à l'électricité ?

✔ **PAS D'ÉMISSIONS**
DIRECTES DE POLLUANTS DE L'AIR.

✘ **PRODUCTION DE L'ÉNERGIE POLLUANTE**

(très variable en fonction de la source de l'électricité : charbon, nucléaire, renouvelable…).

ÉCOLOGIQUE SI:

- le fournisseur l'électricité est un fournisseur vert certifié VertVolt (en savoir plus à la page 137)

ET

- les radiateurs sont de dernière génération (meilleure efficacité énergétique et meilleure répartition de la chaleur dans la pièce)

ET

- la température réglée ne dépasse pas les 19 °C dans les pièces de vie (salon) lorsqu'elles sont occupées et 17 °C dans les chambres.

Pour aller plus loin

FAUX

« TOUS LES APPAREILS DE CHAUFFAGE AU BOIS SE VALENT. »

Les cheminées ouvertes ou les appareils anciens (d'avant 2005) ont un rendement énergétique bien inférieur à celui des poêles ou inserts récents labellisés Flamme Verte. En plus d'améliorer les performances énergétiques, remplacer un vieux poêle ou une cheminée ouverte (plus émettrice de particules fines et moins efficace énergétiquement) par un appareil plus moderne permet de réduire jusqu'à 10 fois les émissions de particules fines dans l'air extérieur[167]. Cette variation dépend toutefois de la qualité du combustible, de la méthode d'allumage, de la gestion du feu et de l'entretien de l'appareil, comme détaillé ci-après. C'est pourquoi, en France, les pouvoirs publics incitent à remplacer les poêles de plus de 10 ans et à installer des inserts dans leurs cheminées. Des aides sont disponibles, vous pouvez obtenir plus d'informations auprès des conseillers France Rénov'.

FAUX

« LES BÛCHES, C'EST NATUREL, C'EST LE COMBUSTIBLE LE PLUS ÉCOLOGIQUE. »

Les produits à granulés (pour les chaudières et poêles) sont particulièrement moins émetteurs de particules dans l'air, en grande partie grâce à leur faible taux d'humidité, d'environ 10 %. Ce taux est bien inférieur à celui des bûches classiques, qui se situe autour de 20 %. L'utilisation de combustibles humides entraîne des combustions incomplètes, générant des particules et réduisant le rendement énergétique. On estime qu'un combustible de mauvaise qualité, légèrement humide, peut produire jusqu'à trente fois plus d'émissions qu'un appareil performant utilisant un combustible sec[168].

FAUX

« PEU IMPORTE LA PROVENANCE ET LA NATURE DE SON BOIS, C'EST DU BOIS, C'EST ÉCOLO ! »

Favoriser les filières bois locales et gérées de manière durable permet de préserver les forêts et d'éviter leur industrialisation. L'installation d'équipements plus performants a pour objectif non seulement de réduire la pollution, mais aussi d'améliorer les rendements énergétiques, afin de développer la filière sans augmenter la quantité de bois prélevé.

LES BOIS À PRIVILÉGIER :

- le bois provenant de feuillus durs : chêne, hêtre, charme… (les bois tendres comme le bouleau ou le peuplier sont plus adaptés pour l'allumage) ;
- le bois non traité, non peint et non souillé ;
- le bois de préférence certifié par un label de qualité :

POUR LES BÛCHES

POUR LES GRANULÉS

167. Source : « Le vrai/faux sur le chauffage au bois », ADEME, 24 octobre 2023. 168. Source : « Le chauffage au bois est-il vraiment écologique ? », Justine Prados, Vert, 3 mars 2023.

« Allumer le feu par le haut émet moins de particules fines polluantes. »

✓ VRAI

Allumer un feu par le haut peut sembler étonnant, mais c'est en réalité la méthode la plus efficace pour réduire la pollution. En effet, cette technique produit bien moins de particules, car les flammes brûlent les fumées qui se dégagent en dessous.

« Les bûches de ramonage ne permettent pas de bien nettoyer le conduit d'évacuation des fumées. »

✓ VRAI

Les bûches de ramonage ne sont pas assez efficaces pour un entretien complet. Le ramonage par un professionnel est obligatoire une fois par an. Si vous utilisez fréquemment votre appareil (plus de 6 m^3 de bois ou 2,5 tonnes de granulés par an), il est conseillé de le faire deux fois, dont une pendant la saison de chauffe[169].

« Un ramonage, même tous les ans, ne suffit pas. »

✓ VRAI

En complément du ramonage, l'entretien annuel par un professionnel est obligatoire pour tous les appareils de chauffage au bois, comme les chaudières, les poêles et les inserts.

Cet entretien permet, entre autres, de contrôler l'état des joints et du brûleur. Un appareil mal entretenu devient moins efficace et émet davantage de polluants.

À RETENIR

- Les cheminées ouvertes et les poêles et inserts anciens (datant d'avant 2005) sont à remplacer autant que possible.
- Les poêles récents et certifiés Flamme Verte sont à privilégier.
- Les granulés, si possible écolabellisés (voir les labels ci-contre) sont à privilégier.
- Le bois doit être le plus sec possible, au risque de rendre votre chauffage au bois peu efficace et très émetteur de polluants atmosphériques.
- Les bons entretiens et contrôles de l'appareil sont cruciaux pour son bilan environnemental.
- Si votre chauffage est électrique, passer à un fournisseur d'électricité verte certifié VertVolt, baisser les températures à 19 °C maximum et opter si possible pour des radiateurs dernière génération (efficients et programmables) améliorera grandement son bilan environnemental.

169. Source : « Le vrai/faux sur le chauffage au bois », ADEME, 24 octobre 2023.

CHAPITRE 09

Quand on veut réduire sa pollution numérique

Livres papier ou liseuse ?

LE BON CHOIX

LIVRES PAPIER

3 KG de CO_2 ÉMIS POUR LA FABRICATION
d'un livre papier neuf en moyenne[170].

La fabrication de 56 livres papier neufs émet autant de CO_2 que celle d'une liseuse.

Attention :

- Nous parlons ici uniquement des émissions de gaz à effet de serre. Ce chiffre serait probablement bien plus élevé si nous prenions en compte les fortes pollutions des sols, de l'eau et de l'air émises par la fabrication et le recyclage des minerais contenus dans une liseuse.

- Nous parlons ici uniquement de livres neufs. Les livres d'occasion ont un bilan environnemental bien plus bas, parfois presque nul, et donc encore plus à l'avantage des livres papier.

LISEUSE

Pour la fabrication d'une liseuse neuve, en moyenne :

170 KG de CO_2 ÉMIS[171]

et

216 KG DE MATIÈRES MOBILISÉES[172]

Comme tout appareil électronique, une liseuse présente un bilan environnemental lourd (tant lors de sa fabrication que de son recyclage en fin de vie), principalement en raison des minerais qu'elle contient (lithium, cuivre, cobalt, nickel…).

170. Source : « La liseuse n'est pas plus écologique qu'un livre », Virginie Hilssone, Radio France, 5 mai 2023. **171.** Idem.
172. Source : www.riendeneuf.org

Réparer un ordinateur ou le recycler ?

ÉCOLO

RÉPARER UN ORDINATEUR

PASSER DE 2 À 4 ANS
LA DURÉE D'USAGE
d'un ordinateur améliore de 50 % son bilan environnemental[173].

La fabrication d'un ordinateur portable mobilise en moyenne 800 kg de matières premières[174].

Bon à savoir (en France)
Si l'appareil a été acheté il y a moins de 2 ans (que ce soit en neuf ou en reconditionné) et qu'il tombe en panne, on peut faire jouer la garantie légale de conformité auprès du vendeur.

RECYCLER UN ORDINATEUR

LE RECYCLAGE
des appareils électriques et électroniques ne doit être qu'une solution de dernier recours.

Il est bien mieux que de jeter l'appareil (ou de le stocker inutilement au fond d'un tiroir) car :

- l'appareil contient des composants pouvant être valorisés pour fabriquer un nouvel appareil (métaux, minerais, plastiques…) ;
- l'appareil contient des substances dangereuses pour l'environnement et la santé.

Mais le recyclage de l'appareil n'est
PAS DU TOUT AUSSI ÉCOLOGIQUE QUE SA RÉUTILISATION
(réparation, revente, don pour pièces détachées…) car :

- le recyclage des minerais se fait chimiquement à l'aide de substances polluantes ;
- environ 20 % se fait de façon illégale dans des décharges à ciel à ouvert[175].

173. Source : « Matériel informatique : place à la sobriété », ADEME, 6 août 2020. **174.** Idem. **175.** Source : « Produits électroniques : "La route du recyclage sera encore longue et coûteuse avant de pouvoir devenir rentable, juste et efficace" », tribune d'Agnès Crepet, *Le Monde*, 12 juillet 2022.

Ordinateur basse consommation ou écolabellisé ?

Pour un achat neuf

ORDINATEUR BASSE CONSOMMATION

3,9 % SEULEMENT

DES GAZ À EFFET DE SERRE

émis par un ordinateur portable sont imputables à sa consommation d'électricité lors de son usage.

ORDINATEUR ÉCOLABELLISÉ

LE BON CHOIX

Les écolabels fiables suivants permettent de réduire les impacts de votre ordinateur neuf :

epeat GOLD — epeat SILVER — TCO CERTIFIED

95 %

DES GAZ À EFFET DE SERRE

émis par un ordinateur portable sont imputables à sa fabrication. Les critères de ces écolabels agissent avant tout sur ces impacts.

Ils garantissent notamment que :

- l'allongement de la durée de vie de l'ordinateur est favorisé (disponibilité de pièces spécifiques pendant au moins 3 ans, résistance à la chute et aux températures froides ou chaudes…) ;
- certaines substances nocives sont limitées, voire interdites ;
- l'ordinateur consomme peu d'énergie à l'usage.

Attention : malgré ces critères environnementaux intéressants, un ordinateur neuf – même écolabellisé – reste largement plus polluant qu'un ordinateur acheté d'occasion ou reconditionné. Cela s'applique à tous les produits électriques et électroniques.

Wi-Fi ou 4G ?

LE BON CHOIX

WI-FI	4G
5,9 KG de CO_2e ÉMIS CHAQUE ANNÉE par le visionnage de 4 h de vidéos haute définition par semaine sur un smartphone en Wi-Fi[176].	**15,6 KG de CO_2e ÉMIS CHAQUE ANNÉE** par le visionnage de 4 h de vidéos haute définition par semaine sur un smartphone en 4G[178].
Le Wi-Fi consomme 3 fois moins d'énergie que la 4G[177].	Il est donc préférable d'attendre d'avoir accès à une connexion Wi-Fi pour ses activités numériques gourmandes sur le réseau, comme : • visionner ou télécharger des vidéos, • lancer des mises à jour de ses applications, • envoyer des pièces jointes lourdes (comme des vidéos).

CHAT GPT OU RECHERCHE GOOGLE ?

Une simple requête sur Chat GPT émettrait environ 4,2 fois plus de gaz à effet de serre qu'une recherche sur un moteur de recherche type Google[179]. À choisir, utiliser un moteur de recherche serait en moyenne préférable, lorsque cela est possible. Aujourd'hui, la croissance exponentielle des usages de l'Intelligence Artificielle démultiplie ses impacts environnementaux globaux (consommations massives d'électricité et d'eau, principalement). Mais ne lui tournons pas nécessairement le dos. Des outils comme Chat GPT peuvent être d'une réelle utilité dans de nombreux usages. Notons aussi que ces technologies évoluent actuellement très rapidement.
On peut donc s'attendre à potentiellement observer une meilleure optimisation des impacts environnementaux moyens d'une requête sur Chat GPT (ou équivalent), par exemple.

176. Source : www.impactco2.fr **177.** Source : « En route vers la sobriété numérique », ADEME, septembre 2022. **178.** Source : www.impactco2.fr
179. Ce chiffre a été publié par l'ADEME en février 2025. Il présente un taux d'incertitude élevé, notamment en raison de l'opacité des informations relatives aux modèles de l'IA. Il se base par ailleurs uniquement sur la consommation électrique d'une requête sur Chat GPT (et ne prend donc pas en compte la consommation hydrique), estimé à environ 10Wh, reportée sur le mix électrique moyen aux États-Unis. Source : www.impactco2.fr (ADEME).

CHAPITRE 10

Quand on ne veut plus de la fast-fashion

Neuf made in France...

7 % DES ÉMISSIONS DE CO_2 LIÉES À LA FABRICATION D'UN PULL EN LAINE SONT IMPUTABLES À SON ASSEMBLAGE, SON TRANSPORT ET SA VENTE[180].

LA FABRICATION DES MATIÈRES PREMIÈRES, ELLE, REPRÉSENTE 73 %[181].

Avec le made in France :

✔ **MOINS DE TRANSPORT**
(toutefois, les impacts du transport de nos biens sont en général minimes).

✔ **CERTAINS IMPACTS ENVIRONNEMENTAUX ÉVITÉS**
car la fabrication est réalisée selon les normes environnementales européennes et françaises, plus strictes que dans certains pays très producteurs de textile, comme la Chine ou le Bangladesh.

✔ **EMPLOIS LOCAUX ET MIEUX RÉMUNÉRÉS**
que dans de nombreux pays producteurs de textile.

✘ **LE MADE IN FRANCE N'EST PAS UN CRITÈRE SUFFISANT POUR CONSIDÉRER QU'UN VÊTEMENT EST RÉELLEMENT PLUS ÉCORESPONSABLE** (EN SAVOIR PLUS À LA PAGE 158).

180. Source : www.impactco2.fr (ADEME). 181. Idem.

… ou fast-fashion d'occasion ?

LE BON CHOIX

MAIS EN LIMITANT SES ACHATS

49 KG DE MATIÈRES PRÉSERVÉES EN ÉVITANT L'ACHAT D'UN JEAN NEUF.

110 KG DE MATIÈRES PRÉSERVÉES EN ÉVITANT L'ACHAT D'UN MANTEAU NEUF[182].

La fast-fashion, ou « mode éphémère » en français, désigne des vêtements neufs de mauvaise qualité vendus à bas prix. Ils sont quasi systématiquement fabriqués dans des pays en voie de développement par des travailleurs et travailleuses très peu rémunérés, dans des conditions dangereuses et à l'aide de matières premières et substances très polluantes.

AUCUNE FABRICATION
D'UN VÊTEMENT NEUF.

(En cas d'achat auprès d'un professionnel ou d'une association)

QUELQUES EMPLOIS LOCAUX
(POUR LA COLLECTE, LE TRI, LA PRÉPARATION ET LA VENTE DES VÊTEMENTS).

Quel que soit le type de vêtements que l'on achète, y compris ceux en seconde main, l'action la plus importante est de

RÉDUIRE À LA BASE LA QUANTITÉ DE VÊTEMENTS ACHETÉS

(en savoir plus à la page 159).

182. Source : www.riendeneuf.org

Pour aller plus loin

« Le "made in France" rend un vêtement neuf bien plus écologique. »

X FAUX

L'origine France n'apporte que peu de garanties sur le bilan environnemental du vêtement. Il paraît donc intéressant, voire indispensable (dans la mesure du possible, notamment sur le plan financier) de le coupler à un autre critère, comme la présence de coton entièrement certifié biologique, ou, encore mieux, celle d'un écolabel fiable :

Ces labels apportent des garanties environnementales qui peuvent réellement faire la différence :

GRANDE PART DE FIBRES NATURELLES cultivées selon le label Agriculture biologique (c'est-à-dire notamment sans pesticides et engrais de synthèse),

LIMITATION DE CERTAINES SUBSTANCES DANGEREUSES très présentes dans les textiles,

INTERDICTION/LIMITATION DE CERTAINS PROCÉDÉS de traitements ou de teinture polluants,

ETC.

« CERTAINS SURCONSOMMENT DES VÊTEMENTS DE MAUVAISE QUALITÉ CAR ILS SAVENT POUVOIR LES REVENDRE FACILEMENT D'OCCASION. »

✓ VRAI, MAIS...

Attention aux conclusions hâtives !
Il est vrai que certaines personnes peuvent être tentées d'acheter de nombreux vêtements de marques de fast-fashion en compensant une partie de leur coût financier grâce à leur revente d'occasion après les avoir peu portés.

Comme dans de nombreux exemples d'initiatives positives, certaines dérives ou effets inverses peuvent parfois émerger.

FAUT-IL ALORS ABANDONNER CES SOLUTIONS QUI RENDENT (ENFIN) LA VENTE ET L'ACHAT D'OCCASION FACILES, ACCESSIBLES ET INCITATIFS ?
NON !

Car ces profils de surconsommateurs de fast-fashion ne représentent (heureusement) pas la majorité des particuliers qui vendent leurs vêtements d'occasion. Toutefois, pour réduire les risques d'achat auprès de ces profils, il convient de limiter la quantité et la fréquence de ses achats, même d'occasion.
Même quand on achète en seconde main ou auprès de marques éthiques, les solutions zéro impact n'existent pas. Mieux vaut donc acheter mieux *et* moins.

À RETENIR

- L'origine géographique d'un vêtement n'est pas un critère suffisant (sur le plan de l'écologie).
- Si on souhaite acheter du neuf, l'idéal est d'acheter un vêtement à la fois fabriqué en France et arborant un des écolabels cités page 158.
- L'achat d'occasion évite bien plus d'impacts environnementaux que le neuf.
- Les solutions zéro impact n'existent pas. Quel que soit ce qu'on achète, il vaut mieux d'abord en consommer moins.

T-shirt : d'occasion ou neuf en polyester recyclé ?

LE BON CHOIX

T-SHIRT D'OCCASION

89 %

DES GAZ À EFFET DE SERRE

émis tout au long de la vie d'un t-shirt sont imputables à sa simple fabrication[183].

On considère que ces impacts sont imputables à son achat neuf.

Lorsqu'on l'achète d'occasion, ils peuvent être considérés comme nuls.

10 KG:

C'EST LA QUANTITÉ DE MATIÈRES PREMIÈRES PRÉSERVÉES

en moyenne lorsqu'on évite l'achat neuf d'un t-shirt[184].

T-SHIRT NEUF EN POLYESTER RECYCLÉ

32 %

D'ÉMISSIONS DE GAZ À EFFET DE SERRE

en moins lors de la fabrication de polyester recyclé (par rapport au polyester ordinaire)[185].

MAIS ATTENTION !

Il reste bien plus polluant que l'achat d'occasion.

L'achat neuf d'un vêtement en polyester, même recyclé, présente tout de même de lourds impacts environnementaux.

Le processus de recyclage des fibres de polyester, mais aussi leurs traitements post-conception (teintures, finitions…) sont énergivores et sources de déchets très polluants.

183. Pour un t-shirt en polyester. Source : www.impactco2.fr (ADEME). **184.** Source : www.riendeneuf.org **185.** Source : « Le polyester recyclé est-il vraiment éco-friendly ? », Fashion United, 28 novembre 2018.

Vêtement cousu soi-même ou acheté d'occasion ?

VÊTEMENT COUSU SOI-MÊME

(avec du tissu acheté neuf)

VÊTEMENT ACHETÉ D'OCCASION

LE BON CHOIX

75 % DES ÉMISSIONS DE GAZ À EFFET DE SERRE

liées à la fabrication d'un pull en laine sont imputables à la fabrication des matières premières[186].

La mise en forme et l'assemblage du vêtement (c'est-à-dire l'étape de la couture) ne représentent que 24 % des émissions liées à la fabrication du vêtement[187].

Coudre soi-même un vêtement avec des matières premières achetées neuves ne permet donc pas d'éviter des impacts environnementaux significatifs.

En revanche, c'est le cas si l'on coud à partir de matières premières de récupération, par exemple en transformant un vêtement ou un drap trop abimé pour être réutilisé tel quel.

34 KG: C'EST LA QUANTITÉ DE MATIÈRES PREMIÈRES

que l'on préserve en achetant un pull d'occasion plutôt que neuf[188].

LA FABRICATION D'UN PULL EN LAINE ÉMET AUTANT DE GAZ À EFFET DE SERRE QUE DE REGARDER EN STREAMING 1 789 ÉPISODES DE *GAME OF THRONES*[189] !

186. Source : www.impactco2.fr (ADEME). **187.** Idem. **188.** Source : www.riendeneuf.org **189.** Source : www.impactco2.fr (ADEME).

LE BON CHOIX : difficile de donner une réponse claire et universelle ici, car cela dépend notamment des types de cuirs comparés (cuir végan végétal, cuir végan à base de pétrole, cuir animal neuf, cuir animal d'occasion, etc.).

Cuirs végans...

Il existe différents types de matériaux imitant le cuir sans matière d'origine animale :

LE « CUIR » VÉGÉTAL

Matière ressemblant au cuir, fabriqué à partir de maïs, d'ananas, de liège, de soja...

✔ **AUCUNE MATIÈRE ANIMALE**
(donc aucune problématique liée aux conditions d'élevage et d'abattage des animaux).

✔ **FABRICATION PLUS ÉCOLOGIQUE**
que le cuir traditionnel (pas d'élevage d'animaux et moins de traitements chimiques de la matière).

✘ **DURÉE DE VIE**
bien plus courte que le cuir traditionnel.

➡ LE MEILLEUR CHOIX SI :

- on refuse d'acheter du cuir animal d'occasion

LE « CUIR » SYNTHÉTIQUE EN POLYURÉTHANE (PLASTIQUE)

Simili-cuir classique, bon marché et fabriqué à partir de pétrole

✔ **AUCUNE MATIÈRE ANIMALE**
(donc aucune problématique liée aux conditions d'élevage et d'abattage des animaux).

✘ **FABRICATION POLLUANTE**
à base de pétrole.

✘ **DURÉE DE VIE**
bien plus courte que le cuir traditionnel.

➡ LE MEILLEUR CHOIX SI :

- on refuse d'acheter du cuir animal (y compris d'occasion),
- et on ne peut pas se permettre financièrement d'opter pour un cuir végétal.

... ou cuir traditionnel ?

LE CUIR ANIMAL NEUF

✔ **DURÉE DE VIE**
longue (surtout si le produit est bien entretenu).

✘ **MATIÈRE PREMIÈRE**
très polluante.

✘ **PROBLÉMATIQUE**
des conditions de vie et d'abattage des animaux.

✘ **TRAITEMENTS ET TEINTURES**
extrêmement polluants et hautement nocifs pour les travailleurs.

✘ **POLLUTIONS MASSIVES**
des écosystèmes par les eaux usées de ce tannage, souvent rejetées telles quelles dans les rivières (dans de nombreux pays en voie de développement).

➡ CHOIX À ÉVITER AUTANT QUE POSSIBLE

Si on souhaite tout de même en acheter, préférez le « cuir au tannage végétal ». Attention ! Il ne s'agit pas de cuir végétal, mais simplement d'un cuir animal traité et teinté à l'aide de produits d'origine végétale généralement moins polluants (tanins issus du bois, etc.).

LE CUIR ANIMAL D'OCCASION

✔ **AUCUN DES IMPACTS**
environnementaux de la fabrication du cuir traditionnel neuf[190].

✔ **AUCUNE PROBLÉMATIQUE**
liée aux conditions de vie et d'abattage des animaux d'élevage.

✔ **DURÉE DE VIE**
longue (surtout si le produit est bien entretenu).

➡ LE MEILLEUR CHOIX

En plus du choix du cuir, acheter le moins possible de vêtements et d'accessoires est tout aussi important.

Optez par exemple pour un seul sac à main en cuir animal acheté d'occasion, à entretenir régulièrement et à garder ainsi bien des années !

---

190. Nous considérons que les impacts de sa fabrication sont imputables uniquement à son premier achat neuf. Attention tout de même, cela ne signifie pas que les achats d'occasion peuvent se faire massivement sans impact. Découvrez pourquoi dans notre fiche « Mode responsable : acheter moins ou acheter mieux ? » (page 48).

Coton certifié bio ou coton BCI ?

LE BON CHOIX

COTON CERTIFIÉ BIOLOGIQUE

✔ Aucun pesticide et engrais de synthèse autorisés.

✔ Rotation des cultures (pour une meilleure santé des sols et une meilleure biodiversité).

✔ Interdiction ou limitation des produits polluants utilisés après la culture du coton (teintures, solvants, etc.).

✔ Moins de risques de traces de pesticides et engrais dans le vêtement acheté.

GLOBAL ORGANIC TEXTILE STANDARD

COTON CERTIFIÉ BCI

✘ Pesticides et engrais de synthèse autorisés (bien que plus limités qu'en agriculture conventionnelle).

✘ Pas de rotation obligatoire des cultures (pour une meilleure santé des sols et une meilleure biodiversité).

✘ Pas de critères portant sur les produits utilisés après la culture du coton (teintures, solvants, etc.).

✘ Pas nécessairement moins de risques de traces de pesticides et engrais dans le vêtement acheté (le coton certifié BCI acheté par le fabricant n'est pas forcément celui présent dans le vêtement acheté[191]).

Le label privé BCI vise à réduire l'usage des pesticides et engrais de synthèse. Il est donc moins polluant que le coton conventionnel.

BCI Better Cotton Initiative

Mais attention, il n'est pas du tout plus écologique que le coton certifié biologique !

191. C'est ce qu'on appelle le système de *mass balance*, c'est-à-dire de mélange du coton BCI avec du coton conventionnel tout au long de la chaîne d'approvisionnement. Cela signifie que, même si un vêtement final ne contient pas nécessairement de coton BCI, la quantité achetée par les marques équivaut à une quantité équivalente de coton BCI produite et intégrée dans le système global. Ce système permet d'encourager la production de coton plus durable sans nécessiter une séparation physique du coton certifié tout au long de la chaîne d'approvisionnement. Mais il signifie aussi que le vêtement que vous achetez ne contient pas nécessairement moins de traces de pesticides et engrais en contact avec votre peau.

Coton biologique ou coton OEKO-TEX Standard 100 ?

COTON BIOLOGIQUE

LE BON CHOIX POUR L'ENVIRONNEMENT

OBJECTIF

Réduire les impacts environnementaux de la production des fibres naturelles en les cultivant notamment sans pesticides et engrais de synthèse.

Attention au *greenwashing* : l'argument marketing « contient du coton biologique » n'en précise pas la quantité. Il peut donc s'agir parfois d'une proportion très minime. Cherchez donc la mention d'une proportion intéressante (au minimum la moitié des fibres utilisées) ou la présence du label GOTS, qui garantit que les fibres certifiées biologiques représentent au moins 70 % du vêtement.

GLOBAL ORGANIC TEXTILE STANDARD

Bon à savoir
La recherche d'un label écologique sur un vêtement acheté d'occasion est inutile. Son achat en seconde main n'encouragera pas particulièrement certaines marques ou pratiques de fabrication.

COTON OEKO-TEX STANDARD 100

LE BON CHOIX POUR LA SANTÉ

OEKO TEX® STANDARD 100

OBJECTIF

Limiter la présence de substances nocives pour la santé de l'utilisateur.

Ce label n'a pas une vocation écologique !
Il cherche à réduire les risques pour la santé du consommateur.

Il contrôle et limite la présence de certaines substances nocives dans le produit fini. Les seuils autorisés sont particulièrement bas pour les vêtements en contact direct avec la peau et à destination des bébés et enfants.

(DANS LE CAS D'UN ACHAT NEUF)
L'idéal est donc l'achat d'un vêtement à la fois certifié GOTS (pour l'écologie) et OEKO-TEX Standard 100 (pour la santé).

Il existe également le label OEKO-TEX Made in Green, qui présente ces deux vocations en un seul label.

OEKO TEX® MADE IN GREEN

Vêtements inutilisés : borne à recyclage ou vente sur Vinted ?

BORNE À RECYCLAGE

✔ Les vêtements sont principalement réutilisés ou recyclés en matières premières.

✘ Les vêtements sont (en partie) exportés dans le monde entier (transport des matières et incertitude quant à la réelle réutilisation des vêtements).

✘ Le recyclage des vêtements est plus énergivore et présente plus de perte de matières que leur réutilisation tels quels.

✘ En général, plus les intermédiaires entre vous et le nouvel utilisateur sont nombreux et éloignés géographiquement, plus les risques de pertes d'une partie des vêtements sont importants.

Attention ! Le don de vêtements en bornes de collecte reste évidemment largement plus souhaitable qu'une fin de la vie à la poubelle, où ils seront détruits.

VENTE SUR VINTED

LE BON CHOIX

(ou autre façon de vendre/donner entre particuliers : vide-greniers, boîte à dons, troc entre amis…)

✔ Les vêtements sont directement réutilisés tels quels sans aucun intermédiaire.

Pour les vêtements en très bon état, le don direct en boutique associative (comme les boutiques Emmaüs) est également une bonne solution.

QUE DEVIENNENT LES VÊTEMENTS DÉPOSÉS DANS LES BORNES DE COLLECTE DE VÊTEMENTS ?

Ici, l'exemple des 22 000 bornes du réseau Le Relais en France[192].

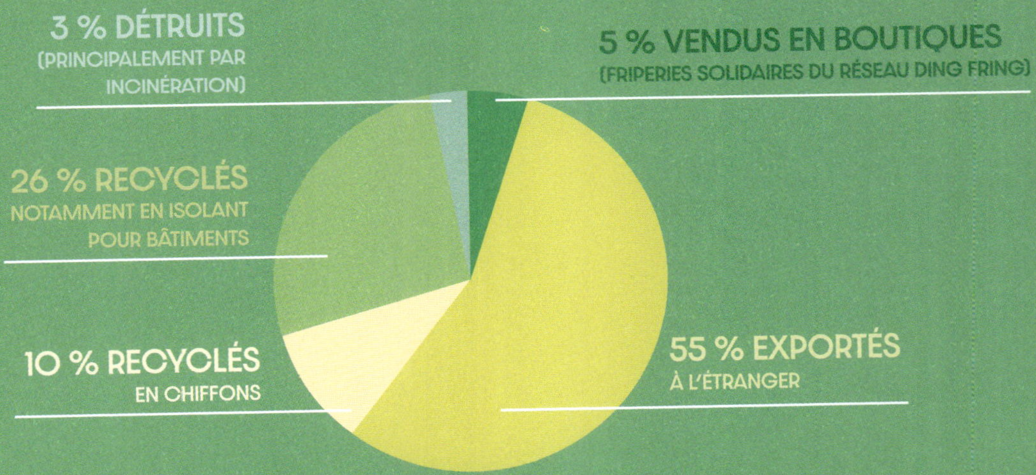

Vaut-il mieux acheter moins ou mieux des vêtements ?
Notre réponse à la page 48 !

À RETENIR

- Les bornes de recyclage sont une bonne solution uniquement pour les vêtements absolument pas réutilisables ni réparables, comme des petites chutes de tissu ou des sous-vêtements abimés (afin qu'ils soient recyclés).
- Pour donner des vêtements, il est préférable de les donner directement à des particuliers (boîte à dons, annonce de dons sur Leboncoin…) ou à certaines boutiques solidaires.
- La seconde vie la plus écologique pour un objet est en général celle qui ne nécessite aucune transformation de l'objet (ici, la réutilisation directe du vêtement, sans recyclage) et avec le moins d'intermédiaires possible.

192. Source des chiffres : www.lerelais.org/donner.php?page=que_deviennent_vos_dons

CHAPITRE 11

Quand on veut prendre soin de soi au naturel

Shampooing solide (non bio)...

LES ÉLÉMENTS QUI DÉTERMINENT VRAIMENT L'IMPACT DE VOS DOUCHES:

- LA QUANTITÉ D'EAU UTILISÉE
(DONC LA DURÉE DES DOUCHES ET LA FRÉQUENCE DES BAINS);

- LES INGRÉDIENTS
DES SAVONS ET SHAMPOOINGS UTILISÉS (BIEN PLUS QUE LEURS EMBALLAGES).

Comme vous l'aurez compris dans ce livre, en moyenne, **ce qui détermine avant tout l'impact écologique d'un produit n'est pas son emballage** (en savoir plus à la page 102), mais bien **la production de ses ingrédients.**

ATTENTION
Le format solide d'un cosmétique ne garantit en soi rien sur les impacts de ses ingrédients sur l'environnement et sur votre santé !

... Ou liquide bio ?

PAR « BIO », NOUS ENTENDONS ICI CERTIFIÉ PAR UN LABEL ENVIRONNEMENTAL FIABLE, COMME LES SUIVANTS :

COSMETIQUE BIO CHARTE COSMEBIO
COSMOS ORGANIC

COSMETIQUE BIO CHARTE COSMEBIO
COSMOS ORGANIC

ECO CERT
COSMOS ORGANIC

NATURE & PROGRES

Ces écolabels permettent de réduire les principales sources d'impacts des savons et shampooings[193] :

✔ **AU MOINS 95 %**
DES INGRÉDIENTS
sont d'origine naturelle.

✔ **AU MOINS 20 %**
SONT ISSUS
de l'agriculture biologique.

✔ **LES DÉRIVÉS DE PÉTROLE**
(COURANTS DANS LES COSMÉTIQUES CONVENTIONNELS)
sont extrêmement limités.

✔ **CERTAINS PERTURBATEURS**
ENDOCRINIENS NOTOIRES
sont interdits.

L'idéal est évidemment un shampooing à la fois écocertifié par l'un de ces labels et solide (pour limiter les emballages en plastique).

93. Pour simplifier la lecture, les critères listés ici se veulent globalement représentatifs des trois labels cités. Certains ne s'appliquent pas à chacun de es labels. D'autres varient d'un label à l'autre.

Cosmétiques maison...

Recettes partagées sur les réseaux sociaux, dans des livres ou même dans les médias (magazines de beauté, par exemple)

LES COSMÉTIQUES FAITS MAISON POSENT PARFOIS PLUS DE PROBLÈMES QU'ILS N'EN RÉSOLVENT...

Parmi les produits les plus risqués à faire soi-même : les dentifrices, les produits à appliquer sur les yeux et les protections solaires.

Le fait maison est donc bien plus risqué pour les cosmétiques que pour d'autres produits moins sensibles, comme des produits ménagers faits à base de produits simples, comme du vinaigre blanc.

Mieux vaut se tourner vers des cosmétiques élaborés par des professionnels et écoconçus pour être respectueux de sa santé et de l'environnement (grâce aux labels cités page 173).

✗ DOSAGES

SOUVENT TRÈS APPROXIMATIFS,
pouvant rendre le produit inefficace, voire nocif.

✗ RISQUE

DE DÉVELOPPEMENTS BACTÉRIENS
en raison de mauvaises conditions ou des ingrédients de conservation (notamment pour les ingrédients contenant de l'eau).

✗ RISQUES

DES COSMÉTIQUES FAITS MAISON
souvent sous-estimés. La peau est un organe à part entière, pouvant être pénétrée par les substances qui y sont appliquées et qui peuvent ainsi se retrouver dans le sang.

✗ RECETTES RAREMENT CONÇUES

PAR DES PERSONNES AYANT LES QUALIFICATIONS SCIENTIFIQUES NÉCESSAIRES.

Et les emballages ? En comparaison, leurs impacts sont bien moins polluants que ce qu'on le pense. Mieux vaut se concentrer sur d'autres sources d'impacts dans son quotidien, moins risquées et plus significatives.

… ou certifiés bio ?

LE BON CHOIX

PAR « BIO », NOUS ENTENDONS ICI CERTIFIÉ PAR UN LABEL ENVIRONNEMENTAL FIABLE, COMME LES SUIVANTS :

COSMETIQUE BIO CHARTE COSMEBIO – COSMOS ORGANIC

COSMETIQUE BIO CHARTE COSMEBIO – COSMOS ORGANIC / ECOCERT – COSMOS ORGANIC

NATURE & PROGRES

Ces écolabels permettent de réduire les principales sources d'impacts des cosmétiques[194] :

✔ **AU MOINS 95 %** **DES INGRÉDIENTS** sont d'origine naturelle.

✔ **AU MOINS 20 %** **SONT ISSUS** de l'agriculture biologique.

✔ **LES DÉRIVÉS DE PÉTROLE** **(COURANTS DANS LES COSMÉTIQUES CONVENTIONNELS)** sont extrêmement limités.

✔ **CERTAINS PERTURBATEURS** **ENDOCRINIENS NOTOIRES** sont interdits.

94. Pour simplifier la lecture, les critères listés ici se veulent globalement représentatifs des trois labels cités. Certains ne s'appliquent pas à chacun de
s labels. D'autres varient d'un label à l'autre.

QUELQUES EXEMPLES DE TRÈS MAUVAISES IDÉES...
... COURANTES SUR LES RÉSEAUX SOCIAUX ET DANS CERTAINS LIVRES :

LE DENTIFRICE AU BICARBONATE DE SOUDE (OU SODIUM) :

Il est bien trop abrasif pour l'émail des dents, ce qui est particulièrement problématique car ce dernier ne se régénère pas.

LES « PROTECTIONS » SOLAIRES FAITES MAISON

Voir à la page 176.

LES LINGETTES DÉMAQUILLANTES OU POUR BÉBÉS FAITES MAISON

Il s'agit en général de rouleaux d'essuie-tout trempés dans divers produits, souvent initialement conçus pour être rincés. S'ils sont utilisés sur une lingette, ils ne sont alors pas rincés et restent en contact prolongé avec la peau. Ils peuvent donc être agressifs pour cette dernière et même nocifs pour la santé (la toxicité d'un produit pour sa mise sur le marché étant mesurée en fonction de son usage, c'est-à-dire notamment s'il est rincé ou non).

ET LES MARQUES QUI VENDENT DES PRODUITS POUR FABRIQUER SES PROPRES COSMÉTIQUES ?

Elles multiplient souvent inutilement les ingrédients et le matériel dans leurs recettes, ce qui en fait une solution ni économique ni particulièrement écologique.

Pour aller plus loin

ZOOM SUR LES HUILES ESSENTIELLES

« LES HUILES ESSENTIELLES SERVENT À PARFUMER NATURELLEMENT. »

✗ FAUX

Les huiles essentielles ne sont pas des parfums. Elles sont extrêmement concentrées et peuvent avoir des propriétés très puissantes. Comme un médicament, elles doivent impérativement être utilisées de la bonne manière (l'huile ne se dilue par exemple pas dans l'eau), sur la bonne personne (nombre d'huiles essentielles sont à proscrire pour des enfants, femmes enceintes ou allaitantes, personnes âgées, asthmatiques…), dans la bonne situation et dans les bonnes quantités.

Par ailleurs, des huiles pouvant paraître similaires (« eucalyptus globuleux » et « eucalyptus radié », par exemple) ne possèdent pas forcément les mêmes propriétés et donc les mêmes usages.

« LES HUILES ESSENTIELLES SONT ÉCOLOGIQUES. »

✗ FAUX

Elles ne sont en réalité pas si écologiques. Il faut souvent cultiver plusieurs kilos de fleurs ou de feuilles pour obtenir quelques millilitres d'huile essentielle.

« LES HUILES ESSENTIELLES NE SONT PAS INDISPENSABLES POUR FAIRE DES COSMÉTIQUES OU DES PRODUITS MÉNAGERS AU NATUREL. »

✓ VRAI

Au vu de tous les risques et limites évoqués et de leur utilité très limitée dans la plupart des produits faits maison, mieux vaut s'en passer.

À RETENIR

- Mieux vaut ne pas jouer au petit chimiste en faisant ses cosmétiques maison, les risques sont réels.
- Même constat avec les huiles essentielles.
- Les cosmétiques du commerce certifiés par les labels fiables évoqués sont une très bonne solution (pour la planète et pour la santé).
- Consommer moins de produits cosmétiques est également une solution efficace et complémentaire.

Crème solaire faite maison ou du commerce ?

CRÈME SOLAIRE FAITE MAISON

✗ Souvent plus dangereuse pour la santé.

LES HUILES NATURELLEMENT « PROTECTRICES »

Des ingrédients naturels, comme l'huile de pépins de framboise ou d'abricot, sont souvent cités sur les réseaux comme « alternatives » aux crèmes solaires. Mais attention, ceci est une très mauvaise idée ! Leur indice de protection, **en conditions réelles d'utilisation**, est en réalité extrêmement faible.

LES RECETTES DE « CRÈMES SOLAIRES » MAISON

Certaines recettes utilisent des ingrédients réellement protecteurs face aux UVA et UVB et souvent utilisés dans les crèmes solaires du commerce, comme l'oxyde de zinc. Mais attention ! Les dosages sont extrêmement approximatifs. Le produit fabriqué peut donc être inefficace, voire nocif.

Par ailleurs, ces poudres volatiles peuvent être dangereuses si elles ne sont pas manipulées correctement.

CRÈME SOLAIRE DU COMMERCE

✓ Bien plus sûre pour la santé.

ÉTANT DONNÉ LES RISQUES CANCÉRIGÈNES LIÉS À UNE MAUVAISE PROTECTION SOLAIRE, MIEUX VAUT EN CHOISIR UNE DU COMMERCE.

Comme tout cosmétique, certaines contiennent des ingrédients pouvant être problématiques pour la santé.

Vous pouvez donc choisir parmi les mieux notées sur des applications comme Yuka ou QuelProduit.

Cotons démaquillants : jetables bio ou lavables ?

JETABLES CERTIFIÉS BIO

✔ Coton cultivé selon les critères de l'agriculture biologique, c'est-à-dire notamment sans pesticides et engrais de synthèse.

✘ Quantités importantes d'eau utilisées pour la culture du coton.

✘ Blanchiment chimique polluant du coton (sauf si vous choisissez des cotons non blanchis).

✘ Quantités importantes de déchets après utilisation.

LAVABLES

ÉCOLO

✔ Un seul coton lavable peut remplacer plusieurs centaines de cotons jetables.

✔ Aucun déchet n'est généré durant son utilisation.

✔ L'impact de sa fabrication est largement amorti lors de son usage.

« ET L'EAU UTILISÉE POUR LES LAVER ? »

Les quantités d'eau utilisées pour les laver sont bien moindres, comparées à celles nécessaires à la production des nombreux cotons jetables qu'ils remplacent.

Protections hygiéniques : « au coton bio »...

✔ AU MOINS UNE PARTIE DU COTON EST BIOLOGIQUE,
c'est-à-dire cultivé sans pesticides ou engrais de synthèse.

✘ LA MENTION « AU COTON BIOLOGIQUE » NE SIGNIFIE PAS NÉCESSAIREMENT
qu'une part importante du coton utilisé est biologique.

✘ CETTE MENTION N'APPORTE AUCUNE GARANTIE
sur le reste de la composition de la serviette ou du tampon.

GARE AU MARKETING TROMPEUR !

Certaines marques mettent par exemple en avant la mention « 100 % coton biologique ». Pourtant, en lisant la ligne au-dessus écrite en petit, on s'aperçoit que seul le voile de surface est en coton biologique, soit une petite partie de la serviette hygiénique.

UNE SERVIETTE OU UN TAMPON « AU COTON BIOLOGIQUE » RESTE ÉVIDEMMENT PRÉFÉRABLE À UN ÉQUIVALENT SANS COTON BIOLOGIQUE NI ÉCOLABEL FIABLE.

LE BON CHOIX

... ou écolabellisées ?

LES LABELS ÉCOLOGIQUES FIABLES ET EXIGEANTS POUR VOS PROTECTIONS HYGIÉNIQUES:

Si vous souhaitez utiliser des protections hygiéniques jetables, ces écolabels sont une bonne solution pour en limiter les impacts, sans vous faire avoir par le *greenwashing*.

✔ **LA GRANDE MAJORITÉ DES FIBRES** sont certifiées biologiques.

✔ **LA MAJORITÉ DES FIBRES DE CELLULOSE DE BOIS** proviennent de forêts certifiées FSC ou PEFC.

✔ **CERTAINES SUBSTANCES OU CERTAINS PROCÉDÉS POLLUANTS** (plastifiants, teintures, blanchiment au gaz chloré…) sont interdits.

✔ **LES PLASTIQUES BIOSOURCÉS UTILISÉS** doivent provenir de cultures végétales écolabellisées.

✔ **LA PART DES MATÉRIAUX NON RENOUVELABLES EST LIMITÉE.**

✔ **LES RÉSIDUS DE CERTAINES SUBSTANCES TOXIQUES** dans le produit sont contrôlés et limités[195].

---

195. Pour simplifier la lecture, les critères listés ici se veulent globalement représentatifs des trois labels cités. Certains ne s'appliquent pas à chacun de ces labels. D'autres varient (notamment pour ce qui est des proportions exigées de certains matériaux) d'un label à l'autre.

Protections hygiéniques : certifiées OEKO-TEX ou écolabellisées ?

LE BON CHOIX POUR LA SANTÉ (PARMI LES PROTECTIONS À USAGE UNIQUE)

PROTECTIONS OEKO-TEX

OEKO TEX® STANDARD 100

- ✔ Contrôle et limitation de certaines substances nocives pour la santé des consommatrices, dans le produit fini.

CE LABEL N'A PAS UNE VOCATION ÉCOLOGIQUE !

Il cherche à réduire les risques pour la santé de la consommatrice. Il ne garantit donc pas que vos protections hygiéniques sont plus écologiques.

L'idéal pour la santé et l'environnement est d'opter pour des protections à la fois certifiées par OEKO-TEX Standard 100 et par l'un des écolabels cités ci-contre.

LE BON CHOIX POUR L'ENVIRONNEMENT (PARMI LES PROTECTIONS À USAGE UNIQUE)

PROTECTIONS ÉCOLABELLISÉES

Les labels écologiques fiables et exigeants pour vos protections hygiéniques :

NORDIC SWAN ECOLABEL — EU Ecolabel www.ecolabel.eu — GLOBAL ORGANIC TEXTILE STANDARD

- ✔ La grande majorité des fibres sont certifiées biologiques.
- ✔ La majorité des fibres de cellulose de bois proviennent de forêts certifiées FSC ou PEFC.
- ✔ Certaines substances ou certains procédés polluants (plastifiants, teintures, blanchiment au gaz chloré…) sont interdits.
- ✔ Les plastiques biosourcés utilisés doivent provenir de cultures végétales écolabellisées.
- ✔ La part des matériaux non renouvelables est limitée.
- ✔ Les résidus de certaines substances toxiques dans le produit sont contrôlés et limités[196].

Si vous souhaitez utiliser des protections hygiéniques jetables, ces écolabels sont une bonne solution pour en limiter les impacts, sans vous faire avoir par le *greenwashing*.

196. Pour simplifier la lecture, les critères listés ici se veulent globalement représentatifs des trois labels cités. Certains ne s'appliquent pas à chacun de ces labels. D'autres varient (notamment pour ce qui est des proportions exigées de certains matériaux) d'un label à l'autre.

Protections hygiéniques : « au coton bio » ou lavables ?

PROTECTIONS « AU COTON BIO »

- ✔ Au moins une partie du coton est biologique, c'est-à-dire cultivé sans pesticides ou engrais de synthèse.
- ✘ La mention « au coton biologique » ne signifie pas nécessairement qu'une part importante du coton utilisé est biologique.
- ✘ Cette mention n'apporte aucune garantie sur le reste de la composition de la serviette ou du tampon.
- ✘ Le produit est à usage unique (nombreux déchets générés).
- ✘ Les déchets générés sont en partie composés de plastique.

Une serviette ou un tampon « au coton biologique » reste évidemment préférable à un équivalent sans coton biologique ni écolabel fiable.

PROTECTIONS LAVABLES

LE BON CHOIX

Culottes menstruelles, serviettes lavables, cups menstruelles…

- ✔ Une même protection peut être utilisée chaque mois durant des années.
- ✔ Aucun déchet n'est généré durant son utilisation.
- ✔ L'impact de sa fabrication est largement amorti lors de son usage.

« ET L'EAU UTILISÉE POUR LES LAVER ? »

Les quantités d'eau utilisées pour les laver sont bien moindres, comparées à celles nécessaires à la production des nombreuses protections jetables qu'elles remplacent.

CHAPITRE 12

Quand on veut se déplacer plus durablement

Voiture électrique neuve ou thermique d'occasion ?

LE BON CHOIX

VOITURE ÉLECTRIQUE NEUVE

103 KG DE CO_2e PAR KM PARCOURU

avec une voiture électrique achetée neuve[197].

Encore plus écologique :

- si vous adhérez à un fournisseur d'électricité verte (en savoir plus à la page 137),
- et si vous optez pour une voiture la plus petite et légère possible.

Découvrez les notes environnementales de milliers de modèles de voitures sur le site Car Labelling (www.carlabelling.ademe.fr), créé par l'ADEME (l'agence de la transition écologique française).

VOITURE THERMIQUE D'OCCASION

192 KG DE CO_2e PAR KM PARCOURU

avec une voiture thermique achetée d'occasion[198] (nous excluons ici donc les émissions liées à la fabrication de la voiture et ne prenons en compte que celles liées à l'usage, c'est-à-dire au carburant).

POUR UNE VOITURE THERMIQUE ACHETÉE NEUVE, IL S'AGIRAIT DE 218 KG DE CO_2e PAR KM PARCOURU.

197. Source : www.impactco2.fr **198.** Idem.

Voiture électrique ou hybride ?

LE BON CHOIX

VOITURE ÉLECTRIQUE

30 000 À 40 000 KM: C'EST LA DISTANCE PARCOURUE

à partir de laquelle une voiture électrique devient en moyenne meilleure pour le climat que son équivalent hybride léger, sachant qu'une voiture électrique parcourt en général 200 000 km au long de sa vie[199].

Découvrez les notes environnementales de milliers de modèles de voitures sur le site Car Labelling (www.carlabelling.ademe.fr), créé par l'ADEME (l'agence de la transition écologique française).

VOITURE HYBRIDE

Les voitures hybrides s'avèrent généralement moins écologiques qu'on le pense.

EN CAUSE:

- **leur technologie** (elles émettent d'importantes quantités de gaz à effet de serre et de polluants atmosphériques).
- **leur usage** (les utilisateurs d'hybrides rechargeables tendent à ne plus recharger la batterie de leur véhicule, ce qui retire tout l'intérêt de la technologie et ne permet plus d'amortir le coût environnemental important de la fabrication des deux moteurs, thermique et électrique).

199. Source : « Les idées reçues sur la voiture électrique », Carbone 4, 22 février 2022.

Vélo classique…

LE BON CHOIX

POUR LES TRAJETS COURTS
(OU LES SPORTIFS !)

0 KG de CO_2e: C'EST LA QUANTITÉ DE GAZ À EFFET DE SERRE ÉMIS POUR PARCOURIR 10 KM SUR UN VÉLO CLASSIQUE.

LES IMPACTS ENVIRONNEMENTAUX DE LA FABRICATION D'UN VÉLO CLASSIQUE ÉTANT TRÈS FAIBLES AU VU DU NOMBRE DE KILOMÈTRES QU'IL PERMET DE PARCOURIR TOUT AU LONG DE SA VIE, ON CONSIDÈRE QUE SON BILAN ENVIRONNEMENTAL EST NUL.

... ou électrique ?

LE BON CHOIX

POUR LES TRAJETS LONGS
(OU LES PAS TRÈS SPORTIFS !)

0,11 KG DE CO_2e : C'EST LA QUANTITÉ DE GAZ À EFFET DE SERRE ÉMIS POUR PARCOURIR 10 KM SUR UN VÉLO ÉLECTRIQUE.

À titre de comparaison, c'est :

0,04 KG DE CO_2e
EN MÉTRO OU TRAMWAY,

0,76 KG DE CO_2e
SUR UN SCOOTER THERMIQUE,

1,03 KG DE CO_2e
DANS UNE VOITURE ÉLECTRIQUE,

1,91 KG DE CO_2e
SUR UNE MOTO THERMIQUE,

2,18 KG DE CO_2e
DANS UNE VOITURE THERMIQUE.

80 % des impacts d'un trajet de 10 km sur un vélo électrique proviennent de sa fabrication.
En cause : le système électrique, dont principalement sa batterie, nécessitant l'extraction et la transformation polluantes de minerais comme le lithium[200].

Le vélo électrique n'est pas donc pas une solution zéro impact… comme tous les moyens de transport, mis à part la marche ou le vélo classique !

Il s'agit donc d'opter pour le moyen de transport présentant l'impact environnemental le plus faible, en fonction de ses besoins et de ses préférences.

Si un vélo électrique vous permet de remplacer un scooter, une moto ou une voiture (sur certains de vos trajets trop longs ou fatigants pour être réalisés à pied ou sur un vélo classique), alors il est de loin la solution la plus écologique !

---

200. La problématique étant la même pour la fin de vie du vélo, car les batteries sont complexes et polluantes à recycler.

Vélo électrique ou trottinette électrique ?

LE BON CHOIX

VÉLO ÉLECTRIQUE

0,11 KG DE CO_2e : C'EST LA QUANTITÉ

de gaz à effet de serre émis en moyenne par personne pour 10 km parcourus sur un vélo à assistance électrique.

Ce chiffre inclut à la fois les impacts de la fabrication et de l'électricité utilisée.

TROTTINETTE ÉLECTRIQUE

0,25 KG DE CO_2e : C'EST LA QUANTITÉ

de gaz à effet de serre émis en moyenne par personne pour 10 km parcourus sur une trottinette à assistance électrique.

Ce chiffre inclut à la fois les impacts de la fabrication et de l'électricité utilisée.

La trottinette électrique reste néanmoins plus écologique que :

UN SCOOTER THERMIQUE :

0,76 KG DE CO_2e POUR 10 KM ;

UNE MOTO THERMIQUE :

1,91 KG DE CO_2e POUR 10 KM[201].

201. Source de tous les chiffres cités sur cette page : www.impactco2.fr

Scooter ou moto ?

LE BON CHOIX

SCOOTER

7,63 KG de CO_2e: C'EST LA QUANTITÉ

de gaz à effet de serre émis en moyenne par personne pour 100 km parcourus sur un scooter thermique.

Ce chiffre inclut à la fois les impacts de la fabrication et de l'électricité utilisée.

À noter
L'impact carbone d'un scooter électrique est encore bien plus faible.

MOTO

19,1 KG de CO_2e: C'EST LA QUANTITÉ

de gaz à effet de serre émis en moyenne par personne pour 100 km parcourus sur une moto thermique[202].

Ce chiffre inclut à la fois les impacts de la fabrication et de l'électricité utilisée.

202. Source de tous les chiffres cités sur cette page : www.impactco2.fr

Voiture ou car ?

LE BON CHOIX

VOITURE

43,5 KG de CO_2e ÉMIS PAR PERSONNE

pour parcourir 200 km dans une voiture thermique (avec une seule personne).

20,7 KG de CO_2e ÉMIS PAR PERSONNE

pour parcourir 200 km dans une voiture électrique (avec une seule personne).

14,4 KG de CO_2e ÉMIS PAR PERSONNE

pour parcourir 200 km en covoiturage dans une voiture thermique (avec un conducteur et deux passagers).

CAR

4,34 KG de CO_2e ÉMIS PAR PERSONNE

pour parcourir 200 km en car électrique.

5,88 KG de CO_2e ÉMIS PAR PERSONNE

pour parcourir 200 km en car thermique.

22,6 KG de CO_2e ÉMIS PAR PERSONNE

pour parcourir 200 km en car thermique[203].

203. Source des chiffres cités : www.impactco2.fr

Voiture ou train ?

VOITURE

43,5 KG
de CO_2e
ÉMIS PAR PERSONNE
pour parcourir 200 km dans une voiture thermique (avec une seule personne).

20,7 KG
de CO_2e
ÉMIS PAR PERSONNE
pour parcourir 200 km dans une voiture électrique (avec une seule personne).

14,4 KG
de CO_2e
ÉMIS PAR PERSONNE
pour parcourir 200 km en covoiturage dans une voiture thermique (avec un conducteur et deux passagers).

TRAIN

ÉCOLO

0,59 KG
de CO_2e
ÉMIS PAR PERSONNE
pour parcourir 200 km en TGV.

1,8 KG
de CO_2e
ÉMIS PAR PERSONNE
pour parcourir 200 km en train Intercités.

5,54 KG
de CO_2e
ÉMIS PAR PERSONNE
pour parcourir 200 km en train régional TER[204].

À noter

L'impact carbone du train est particulièrement bas en France grâce aux trains 100 % électriques et au mix énergétique du pays, particulièrement décarboné. Les émissions de CO_2 pour la même distance parcourue dans un train fonctionnant à l'électricité produite en partie à partir de charbon (comme en Allemagne) sont légèrement plus élevées. Et c'est encore plus le cas pour les trains fonctionnant au diesel (comme aux États-Unis). Néanmoins, le train reste en moyenne une bien meilleure solution pour l'environnement que la voiture.

204. Source des chiffres cités : www.impactco2.fr

Avion ou ferry ?

AVION

260 KG de CO_2e : C'EST LA QUANTITÉ

de gaz à effet de serre émis par un aller Bordeaux-Ajaccio en avion.

L'AVION EST LE MOYEN DE TRANSPORT LE PLUS POLLUANT (EN TERMES DE GAZ À EFFET DE SERRE).

FERRY

LE BON CHOIX

12 KG de CO_2e : C'EST LA QUANTITÉ

de gaz à effet de serre émis par un aller Bordeaux-Ajaccio en train et en ferry[205].

60 KG de CO_2e : C'EST LA QUANTITÉ

de gaz à effet de serre émis par un aller Bordeaux-Ajaccio en voiture et en ferry[206].

À noter

Les traversées rapides (Nice-Ajaccio en un après-midi, par exemple) sont plus émettrices de CO2 que les traversées plus lentes (Nice-Ajaccio en une nuit, par exemple).

Le ferry est un moyen de transport polluant (en termes de gaz à effet de serre et d'émissions de polluants atmosphériques, comme le dioxyde de soufre, des oxydes d'azote et des particules fines et ultra-fines).

MALGRÉ CELA, IL RESTE MOINS POLLUANT QUE L'AVION.

205. Par personne. Scénario : Bordeaux-Nice en train, puis Nice-Ajaccio en ferry de nuit, sans consommer de service de divertissement sur le ferry (bar ou piscine), sans cabine, sans embarquer avec une voiture. Même scénario en réservant une cabine (en voyageant à 3) plutôt qu'un siège, pour la traversée de nuit en ferry : 21 kg de CO_2e au total par personne. Sources : calculateurs de CO_2 pour le trajet en train (www.impactco2.fr) et pour le trajet en ferry (www.bonpote.com/ferry-calculer-en-1-minute-son-empreinte-carbone). **206.** Par personne. Scénario : Bordeaux-Nice en voiture (véhicule thermique, 3 passagers) puis Nice-Ajaccio en ferry de nuit, sans consommer de service de divertissement sur le ferry (bar ou piscine), sans cabine, en embarquant avec une voiture (pour les 3 passagers). Même scénario en réservant une cabine (en voyageant à 3) plutôt qu'un siège, pour la traversée de nuit en ferry : 70 kg de CO_2e au total par personne. Sources : calculateurs de CO_2 pour le trajet en voiture (www.impactco2.fr) et pour le trajet en ferry (www.bonpote.com/ferry-calculer-en-1-minute-son-empreinte-carbone).

Partir loin en train ou partir proche en avion ?

LE BON CHOIX

PARTIR LOIN EN TRAIN

120 KG de CO_2e : C'EST LA QUANTITÉ
de gaz à effet de serre émis par un aller-retour Paris-Rome en train[207].

Le site gratuit Hourrail vous propose des centaines d'itinéraires détaillés pour voyager sans avion depuis la France, en Irlande, au Portugal, en Suède, en Écosse ou même en Turquie !

PARTIR LOCAL EN AVION

420 KG de CO_2e : C'EST LA QUANTITÉ
de gaz à effet de serre émis par un aller-retour Paris-Marseille en avion[208].

Et si je paye une compensation carbone ? La réponse à la page 194.

207. Source : www.goodplanet.org/fr/calculateurs-carbone/particulier **208.** Idem.

Voyager en avion avec une compensation carbone...

420 KG DE CO_2e : C'EST LA QUANTITÉ DE GAZ À EFFET DE SERRE ÉMIS PAR UN ALLER-RETOUR PARIS-MARSEILLE EN AVION[209].

Payer une compensation carbone consiste à soutenir financièrement des projets environnementaux, souvent de plantations d'arbres. Mais cela ne revient pas à n'émettre aucun CO_2 :

✗ DÉCALAGE TEMPOREL

entre les émissions immédiates du trajet en avion et le temps nécessaire à une forêt pour réellement absorber du carbone (parfois plusieurs dizaines, voire centaines d'années).

✗ BIODIVERSITÉ

SOUVENT TRÈS LIMITÉE

des plantations d'arbres, lorsqu'elles sont faites avec une seule essence d'arbres. Ces forêts sont donc très vulnérables (au feu, aux pathogènes, etc.). Elles peuvent alors entièrement mourir quelques années plus tard.

✗ EFFICACITÉ

INCERTAINE

Le carbone stocké doit le rester pendant des siècles. Or, il n'y a pas de certitude que la forêt plantée reste en vie aussi longtemps.

✗ CRÉDIT CARBONE

D'« ÉVITEMENT »

Les compensations carbone consistent souvent simplement à éviter des projets néfastes (comme une déforestation). Leur efficacité est malheureusement souvent surévaluée.

La compensation carbone est une bonne solution seulement si le trajet en avion n'a pas pu être évité. Dans ce cas, on peut se tourner vers des organismes de compensation labellisés par Gold Standard.

---

209. Source : www.goodplanet.org/fr/calculateurs-carbone/particulier

… ou voyager en train ?

ÉCOLO

4 KG DE CO_2e : C'EST LA QUANTITÉ DE GAZ À EFFET DE SERRE ÉMIS PAR UN ALLER-RETOUR PARIS-MARSEILLE EN TRAIN[210].

RÉDUIRE À LA SOURCE NOS ÉMISSIONS DE CARBONE EST LA PRIORITÉ.

Chercher à les compenser n'est intéressant que lorsqu'on ne peut pas facilement les éviter.

210. Source : www.impactco2.fr

ÉCOLO

Vacances sans avion...

75 % DES ÉMISSIONS DE GAZ À EFFET DE SERRE DU SECTEUR DU TOURISME PROVIENNENT DES TRANSPORTS ENTRE LE DOMICILE ET LE LIEU DE VACANCES[211].

L'AVION EST RESPONSABLE DE
53 % DES ÉMISSIONS DE GAZ À EFFET DE SERRE DU TOURISME...

... ALORS QU'IL NE REPRÉSENTE QUE 12 % DES VOYAGES[212].

Pour faire des vacances plus écologiques, le mode de transport utilisé pour se rendre sur place est de loin le choix le plus déterminant.

Le reste est en général plus anecdotique.

211. Source : « Infopresse - Tourisme durable », ADEME, juin 2023. **212.** Source : « Tourisme au kilomètre, des vacances pour la planète ? », *Qqf (Qu'est-ce qu'on fait ?)*.

… ou dans un hôtel écoresponsable ?

25 % SEULEMENT DES ÉMISSIONS DE GAZ À EFFET DE SERRE DU SECTEUR DU TOURISME PROVIENNENT DES HÉBERGEMENTS, DES ACTIVITÉS ET LOISIRS TOURISTIQUES, DE LA RESTAURATION, ETC.[213].

LES HÔTELS ÉCOLABELLISÉS (POUR LEUR NON-USAGE DE PLASTIQUES JETABLES, LEURS ÉCONOMIES D'ÉNERGIE OU ALIMENTS EN PARTIE CERTIFIÉS BIOLOGIQUES) SONT LE SIGNE QUE LES PRATIQUES DU SECTEUR DU TOURISME COMMENCENT À ÉVOLUER.

Mais à l'échelle individuelle, les impacts qu'ils permettent d'éviter sont minimes.

Compte tenu des ordres de grandeur, se rendre en avion dans un hôtel écoresponsable n'aurait ainsi que peu de sens.

213. Source : « Infopresse - Tourisme durable », ADEME, juin 2023.

CHAPITRE 13

Quand on veut être plus écolo avec ses enfants

Jouets en bois neuf…

POUR LA PLANÈTE

✔ **AUCUN PLASTIQUE FABRIQUÉ** (donc aucune problématique liée aux conditions d'élevage et d'abattage des animaux).

FSC PEFC

✘ **LA PRÉSENCE DES LABELS** FSC ou PEFC (forêts dites « gérées durablement ») est un atout mais ne suffit pas pour en faire des jouets significativement plus écologiques[214]. C'est en revanche le cas avec l'écolabel suivant, fiable et exigeant, mais malheureusement encore rare dans les rayons :

NORDIC ECOLABEL

✘ **PRÉFÉREZ LE BOIS MASSIF** au bois reconstitué (l'aggloméré et le MDF contiennent d'importantes quantités de colles chimiques).

Si vous souhaitez acheter des jouets en plastique neufs (toutefois généralement plus polluants que les jouets en bois neufs), préférez les plastiques fabriqués à base de canne à sucre[215].

POUR LA SANTÉ DE L'ENFANT

UN JOUET EN BOIS N'EST PAS NÉCESSAIREMENT SANS DANGER POUR LA SANTÉ, EN RAISON DES PEINTURES ET VERNIS QUI Y SONT APPLIQUÉS.

Chez les tout-petits, qui portent souvent à la bouche les objets, il faut privilégier des peintures à l'eau et, si possible, des bois sans vernis, comme ceux de la marque allemande Grimm's.

214. La réelle durabilité de la gestion des forêts labellisées est parfois remise en question. Par ailleurs, ces labels ne portent que sur la production de la matière première et non sur les procédés et produits utilisés lors des étapes de fabrication, à la différence de l'Écolabel nordique cité ci-après.
215. Ils sont conçus à partir des déchets végétaux de l'industrie sucrière. Ils sont donc encore plus intéressants que les bioplastiques fabriqués à partir de ressources vivrières cultivées à cet effet, comme l'amidon de maïs ou de pomme de terre.

… Ou en plastique d'occasion ?

POUR LA PLANÈTE

✔ **ZÉRO IMPACT :**
on considère qu'un jouet acheté d'occasion n'a pas d'impacts environnementaux liés à sa fabrication (ces derniers étant imputables à son premier achat, neuf).

SUR LE PLAN ENVIRONNEMENTAL, L'OCCASION EST TOUJOURS GAGNANTE PAR RAPPORT À UN ACHAT NEUF.

POUR LA SANTÉ DE L'ENFANT

Les jouets en plastique sont à limiter chez les tout-petits, qui portent souvent les objets à leur bouche.

IMPORTANT

Pour les achats d'occasion, on optera pour des jouets les plus récents possible. À exclure : les vieux jouets de notre enfance, car le plastique se dégrade rapidement. Par ailleurs, les normes de fabrication (et notamment les substances chimiques autorisées) sont aujourd'hui plus strictes.

Couches jetables « au coton bio » ou écolabellisées ?

COUCHES « AU COTON BIO »

- ✔ Au moins une partie du coton est biologique, c'est-à-dire cultivé sans pesticides ou engrais de synthèse.
- ✘ La mention « au coton biologique » ne signifie pas nécessairement qu'une part importante du coton utilisé est biologique.
- ✘ Cette mention n'apporte aucune garantie sur le reste de la composition des couches (fibres de cellulose, plastiques, colles, encres, parfums…).

Des couches « au coton biologique » restent évidemment préférables à un équivalent sans coton biologique ni aucun écolabel fiable.

COUCHES ÉCOLABELLISÉES

LE BON CHOIX

Les labels écologiques fiables et exigeants pour les couches :

NORDIC SWAN ECOLABEL — EU Ecolabel www.ecolabel.eu — GLOBAL ORGANIC TEXTILE STANDARD

- ✔ La grande majorité des fibres sont certifiées biologiques.
- ✔ La majorité des fibres de cellulose de bois proviennent de forêts certifiées FSC ou PEFC.
- ✔ Certaines substances ou certains procédés polluants (plastifiants, teintures, blanchiment au gaz chloré…) sont interdits.
- ✔ Les plastiques biosourcés utilisés doivent provenir de cultures végétales écolabellisées.
- ✔ La part des matériaux non renouvelables est limitée.
- ✔ Les résidus de certaines substances toxiques dans le produit sont contrôlés et limités[216].

Si on souhaite utiliser des couches jetables, ces écolabels sont une bonne solution pour en limiter les impacts, sans se faire avoir par le *greenwashing*.

216. Pour simplifier la lecture, les critères listés ici se veulent globalement représentatifs des trois labels cités. Certains ne s'appliquent pas à chacun de ces labels. D'autres varient (notamment pour ce qui est des proportions exigées de certains matériaux) d'un label à l'autre.

Couches jetables OEKO-TEX ou écolabellisées ?

LE BON CHOIX
POUR LA SANTÉ
(PARMI LES COUCHES JETABLES)

COUCHES OEKO-TEX

OEKO TEX®
STANDARD 100

✔ Contrôle et limitation de certaines substances nocives pour la santé du bébé, dans le produit fini.

Ce label n'a pas une vocation écologique !
Il cherche à réduire les risques pour la santé du bébé. Il ne garantit donc pas que les couches sont plus écologiques.

L'idéal pour la santé et l'environnement est d'opter pour des couches à la fois certifiées par OEKO-TEX Standard 100 et par l'un des écolabels cités ci-contre.

LE BON CHOIX
POUR L'ENVIRONNEMENT
(PARMI LES COUCHES JETABLES)

COUCHES ÉCOLABELLISÉES

Les labels écologiques fiables et exigeants pour les couches :

NORDIC SWAN ECOLABEL · EU Ecolabel www.ecolabel.eu · GLOBAL ORGANIC TEXTILE STANDARD

✔ La grande majorité des fibres sont certifiées biologiques.

✔ La majorité des fibres de cellulose de bois proviennent de forêts certifiées FSC ou PEFC.

✔ Certaines substances ou certains procédés polluants (plastifiants, teintures, blanchiment au gaz chloré…) sont interdits.

✔ Les plastiques biosourcés utilisés doivent provenir de cultures végétales écolabellisées.

✔ La part des matériaux non renouvelables est limitée.

✔ Les résidus de certaines substances toxiques dans le produit sont contrôlés et limités[217].

217. Pour simplifier la lecture, les critères listés ici se veulent globalement représentatifs des trois labels cités. Certains ne s'appliquent pas à chacun de ces labels. D'autres varient (notamment pour ce qui est des proportions exigées de certains matériaux) d'un label à l'autre.

Couches jetables « au coton bio »…

SI VOUS SOUHAITEZ UTILISER, AU MOINS UNE PARTIE DU TEMPS, DES COUCHES JETABLES, RENDEZ-VOUS À LA PAGE PRÉCÉDENTE POUR DÉCOUVRIR LES ÉCOLABELS AUXQUELS VOUS POUVEZ FAIRE CONFIANCE.

✔ **AU MOINS UNE PARTIE DU COTON EST BIOLOGIQUE,** c'est-à-dire cultivé sans pesticides ou engrais de synthèse.

✘ **LA MENTION « AU COTON BIOLOGIQUE » NE SIGNIFIE PAS** nécessairement qu'une part importante du coton utilisé est biologique.

✘ **CETTE MENTION N'APPORTE AUCUNE GARANTIE** sur le reste de la composition des couches.

✘ **LE PRODUIT EST À USAGE UNIQUE** (nombreux déchets générés).

✘ **LES DÉCHETS GÉNÉRÉS SONT EN PARTIE COMPOSÉS DE PLASTIQUE.**

… ou couches lavables ?

✔ UNE MÊME COUCHE PEUT ÊTRE UTILISÉE DES CENTAINES DE FOIS.

✔ AUCUN DÉCHET
N'EST GÉNÉRÉ DURANT SON UTILISATION.

✔ L'IMPACT
DE SA FABRICATION
est largement amorti lors de son usage.

« ET L'EAU UTILISÉE POUR LES LAVER ? »
Les quantités d'eau utilisées pour les laver sont bien moindres, comparées à celles nécessaires à la production des nombreuses couches jetables qu'elles remplacent.

Lingettes jetables : faites maison...

✗ RECETTES RAREMENT CONÇUES PAR DES PERSONNES AYANT LES QUALIFICATIONS SCIENTIFIQUES NÉCESSAIRES.

✗ RISQUE DE DÉVELOPPEMENTS BACTÉRIENS

EN RAISON DE MAUVAISES CONDITIONS ou des ingrédients de conservation (notamment pour les ingrédients contenant de l'eau).

✗ RISQUES POUR LA SANTÉ DU BÉBÉ.

La peau est un organe à part entière, pouvant être pénétrée par les substances qui y sont appliquées et qui peuvent ainsi se retrouver dans le sang.

ATTENTION !

Les tutoriels pour fabriquer des lingettes bébés soi-même économiques et écologiques se multiplient sur les réseaux sociaux et les blogs. **Mais attention !** Il s'agit en général de rouleaux d'essuie-tout trempés dans divers produits, souvent initialement conçus pour être rincés. S'ils sont utilisés sur une lingette, ils ne sont alors pas rincés et restent en contact prolongé avec la peau. Ils peuvent donc être agressifs pour cette dernière et même nocifs pour la santé (la toxicité d'un produit pour sa mise sur le marché étant mesurée en fonction de son usage, c'est-à-dire notamment s'il est rincé ou non).

... ou 100 % végétales ?

✔ AUCUNE FIBRE PLASTIQUE (COMPOSANT LA MAJORITÉ DES LINGETTES DU COMMERCE).

LEUR FABRICATION ET LEUR FIN DE VIE PRÉSENTENT DONC MOINS D'IMPACTS.

Il faut veiller à ce que les lingettes jetables soient :

INDIQUÉES COMME « 100 % VÉGÉTALES »

(attention, ce n'est pas nécessairement le cas s'il est juste indiqué « compostables » ou « biodégradables »)

ET

BIEN NOTÉES

SUR DES APPLIS FIABLES comme Yuka ou QuelProduit, pour s'assurer que la composition les produits imbibés dans les lingettes soient la plus respectueuse possible de la santé du bébé.

Privilégiez par exemple les lingettes des marques WaterWipes ou Mitosyl, dont les fibres sont entièrement végétales et uniquement imbibées d'eau et d'un conservateur naturel.

Nettoyage de la peau : au lait nettoyant ou à l'eau ?

AU LAIT NETTOYANT

- ✘ La plupart des laits, lotions ou crèmes pour le siège des bébés ne sont pas justifiés pour un usage quotidien.
- ✘ La multiplication des produits appliqués sur la peau d'un bébé multiplie les risques de réactions cutanées, mais aussi la présence d'ingrédients potentiellement problématiques pour la santé.

Pour mieux les choisir si toutefois vous en utilisez, optez pour des produits certifiés Cosmébio ou Ecocert Cosmos Organic et bien notés par des applications gratuites et fiables comme Yuka ou QuelProduit.

COSMETIQUE BIO CHARTE COSMEBIO

COSMETIQUE BIO CHARTE COSMEBIO COSMOS ORGANIC — ECOCERT COSMOS ORGANIC

À L'EAU

LE BON CHOIX

- ✔ Aucun ingrédient problématique pour la santé du bébé.
- ✔ Aucun impact environnemental.

EN FRANCE, LES RECOMMANDATIONS OFFICIELLES INDIQUENT LE NETTOYAGE DU SIÈGE DE BÉBÉ À L'EAU ET AU SAVON, OU SIMPLEMENT À L'EAU[218].

C'est seulement en cas de rougeurs qu'une crème de soin peut temporairement être utilisée.

218. Source : « Comment changer un nourrisson et faire sa toilette ? », L'Assurance Maladie [française], 26 mars 2024.

ET LE LINIMENT ?

Ce mélange d'eau de chaux et d'huile d'olive peut être un produit intéressant pour le soin du bébé, bien qu'il puisse parfaitement être remplacé par l'eau.

À SAVOIR

SI VOUS LE FAITES VOUS-MÊME…

… assurez-vous d'utiliser une recette ajoutant une cire (d'abeille par exemple), indispensable pour assurer l'émulsion entre l'huile et l'eau de chaux, cette dernière pouvant être très irritante si elle n'est pas parfaitement bien mélangée à l'huile.

SI VOUS PRÉFÉREZ L'ACHETER DANS LE COMMERCE…

… préférez-le certifié Cosmébio ou Ecocert Cosmos Organic (voir les logos page ci-contre) et contenant le moins d'ingrédients différents possible (en général, cinq ou moins).

IL N'EST PAS COMPATIBLE

AVEC L'USAGE DE COUCHES LAVABLES,

car l'huile en encrasserait les fibres, qui seraient ainsi moins absorbantes.

À RETENIR

- Il est préférable de limiter autant que possible les produits non indispensables appliqués sur la peau du bébé.
- L'eau (éventuellement additionnée de savon, à rincer) est suffisante pour les nettoyages quotidiens du siège du bébé.

Sérum physiologique : pipettes biodégradables...

✔ PLUS ÉCOLOGIQUES QUE LES PIPETTES EN PLASTIQUE CLASSIQUE PROVENANT DU PÉTROLE.

✘ PLASTIQUE RAREMENT ENTIÈREMENT D'ORIGINE VÉGÉTALE
(part de plastique provenant du pétrole).

✘ PLASTIQUE VÉGÉTAL SOUVENT FABRIQUÉ À PARTIR DE RESSOURCES AGRICOLES
(amidon de maïs ou de pomme de terre, par exemple) ayant nécessité une consommation d'eau et un épandage de pesticides et d'engrais lors de leur culture.

✘ ADDITIFS CHIMIQUES AJOUTÉS LORS DU PROCESSUS DE PLASTIFICATION
souvent identiques à ceux du plastique classique pétrosourcé.

Les pipettes de sérum physiologique à usage unique restent pratiques à l'extérieur ou lors des premiers mois du bébé.

Dans ce cas, privilégiez les pipettes en plastique biodégradable. Leurs impacts environnementaux sont moins lourds que ceux des pipettes en plastique classique pétrosourcé.

... ou fait maison ?

LE BON CHOIX

✔ AUCUN EMBALLAGE.

✔ SERINGUE NASALE RÉUTILISABLE DES CENTAINES DE FOIS.

Eau du robinet salée à l'aide de gros sel de mer (veillez à suivre soigneusement les proportions indiquées par votre pédiatre), servant à nettoyer le nez d'un bébé (à partir de 4 mois) ou enfant, à l'aide d'une petite seringue plastique dotée d'un embout nasal souple (à acheter pour quelques euros en pharmacie).

VEILLEZ À RENOUVELER L'EAU SALÉE TOUTES LES 48 H AFIN D'ÉVITER LES DÉVELOPPEMENTS BACTÉRIENS.

Si vous le préférez, vous pouvez aussi acheter du sérum physiologique en bouteille plastique en pharmacie, afin de limiter les emballages par rapport aux pipettes classiques. Attention tout de même à ne jamais rien tremper ou ajouter dans le flacon, afin de ne pas le contaminer par des bactéries extérieures. Versez donc de petites quantités dans un flacon propre (à changer très régulièrement) afin d'y tremper et remplir votre seringue.

Biberons en bioplastique ou en verre ?

BIBERONS EN BIOPLASTIQUE

Plastique dit alternatif, souvent en partie conçu à partir de molécules végétales.

✔ Moins de pétrole utilisé pour la fabrication du biberon.

✘ Pas nécessairement moins de dangers pour la santé du bébé comparé aux biberons en plastique classique (car les mêmes additifs potentiellement problématiques pour la santé, comme les phtalates ou le bisphénol S, peuvent tout à fait avoir été utilisés).

✘ Plastique végétal souvent fabriqué à partir de ressources agricoles (amidon de maïs ou de pomme de terre, par exemple) ayant nécessité une consommation d'eau et un épandage de pesticides et d'engrais lors de leur culture[219].

BIBERONS EN VERRE

✔ Matériau inerte, ne présentant pas de dangers pour la santé du bébé.

✔ Durée de vie longue (à l'exception de la tétine qui, comme pour tous les biberons, doit être changée très régulièrement).

Certaines marques, comme Life Factory, proposent des biberons en verre dotés d'un grip en silicone permettant une meilleure préhension et une meilleure résistance aux chocs.

UNE AUTRE ALTERNATIVE : LES BIBERONS EN INOX (ACIER INOXYDABLE) !

Ils sont légers, résistants, sans plastique et compatibles avec les chauffe-biberons. La marque Pura en propose par exemple des évolutifs, dont vous pourrez changer les embouts lorsque votre enfant grandit (tétine, embout paille, embout sport, embout de gourde classique…).

219. Ce n'est en revanche pas le cas des plastiques fabriqués à base de canne à sucre, qui utilisent les déchets du processus d'extraction du sucre.

Lait infantile : fabriqué en France ou certifié bio ?

FABRIQUÉ EN FRANCE

0,5 % SEULEMENT
DES IMPACTS ENVIRONNEMENTAUX

de la production d'une boîte de lait infantile en poudre sont imputables à son transport[220].

À lui seul, le critère du local est marginal comparé à celui des modes de production.

CERTIFIÉ BIO

LE BON CHOIX

98,2 %
DES IMPACTS ENVIRONNEMENTAUX

de la production d'une boîte de lait infantile en poudre sont imputables à sa fabrication (production des matières premières)[221].

Les critères du label de l'agriculture biologique agissent avant tout sur ces impacts. Ils garantissent notamment :

- la rotation des cultures,
- l'interdiction d'utiliser des intrants de synthèse,
- une alimentation biologique donnée aux vaches,
- l'amélioration des conditions de vie des vaches dans les élevages.

On vous dit tout sur le label bio dans les pages 61, 64, 67 et 69 !

220. Source : Agribalyse 3.1.1 (ADEME). **221.** Idem.

CHAPITRE 14

Quand on veut donner du sens à son argent

Livret A ou livret de partage ?

LE BON CHOIX : dépend du type de livret de partage en question

Difficile de donner une réponse généraliste ici, car la variable la plus déterminante est le type d'investissements réalisés par la banque avec les fonds placés sur les livrets. Or, ces derniers varient grandement d'un livret de partage à l'autre.

À noter : nous comparons ici uniquement les engagements environnementaux et sociaux de ces deux options et non leurs niveaux de risques, leurs plafonds, leurs conditions d'ouverture et d'utilisation, etc.

LIVRET A

✔ Utilité sociale des actions réalisées par la banque avec l'argent épargné : les fonds déposés sur un livret A servent à financer du logement social et le renouvellement urbain.

INTÉRÊTS FIXÉS
À 2,4 %.

INTÉRÊTS NON SOUMIS
AUX COTISATIONS SOCIALES ET À L'IMPÔT.

LIVRET DE PARTAGE

Un livret de partage est un livret dont les intérêts générés sont versés (en totalité ou en partie) à des organismes chargés de réaliser des actions humanitaires (environnement, lutte contre la pauvreté, développement local…).

✔ Petites sommes versées à des actions humanitaires.

✘ Pas de garantie en soi sur l'utilité sociale et les engagements des investissements réalisés par la banque avec le capital (cela dépend de la banque et du type de livret de partage choisi).

INTÉRÊTS
ALLANT DE 0,25 % À 1,50 %
(en partie ou totalement reversés à des actions humanitaires).

INTÉRÊTS SOUMIS
AUX COTISATIONS SOCIALES
et à l'impôt, avec une réduction d'impôt sur le montant (au même titre qu'un don classique).

Livret A ou livret développement durable et solidaire ?

À noter : nous comparons ici uniquement les engagements environnementaux et sociaux de ces deux options et non leurs niveaux de risques, leurs plafonds, leurs conditions d'ouverture et d'utilisation, etc.

LE BON CHOIX POUR LE SOCIAL

LIVRET A

✔ Utilité sociale des actions réalisées par la banque avec l'argent épargné : les fonds déposés sur un livret A servent à financer du logement social et le renouvellement urbain.

INTÉRÊTS FIXÉS
À 2,4 %.

INTÉRÊTS NON SOUMIS
AUX COTISATIONS SOCIALES ET À L'IMPÔT.

LE BON CHOIX POUR L'ENVIRONNEMENT

LDDS

✔ Utilité environnementale des actions réalisées par la banque avec l'argent épargné : les fonds déposés sur un LDDS servent à réaliser des prêts en vue de la rénovation énergétique de logements individuels ou collectifs.

✔ Possibilité de faire un don directement depuis votre LDDS à une des entreprises de l'économie sociale et solidaire (ESS) proposées par la banque.

INTÉRÊTS FIXÉS
À 2,4 %.

INTÉRÊTS NON SOUMIS
AUX COTISATIONS SOCIALES ET À L'IMPÔT.

Investir via un fonds labellisé ISR...

À noter : nous analysons ici seulement l'utilité environnementale de l'investissement et non sa rentabilité ou ses risques.

LE LABEL ISR (INVESTISSEMENT SOCIALEMENT RESPONSABLE) CERTIFIE DES VÉHICULES D'INVESTISSEMENTS (FONDS D'ACTIONS, FONDS OBLIGATOIRES...) ENGAGÉS VERS L'ENVIRONNEMENT, LE SOCIAL ET LA GOUVERNANCE.

INVESTISSEMENT
DANS UNE MULTITUDE DE PROJETS DIVERS.

ENGAGEMENT ENVIRONNEMENTAL
RELATIVEMENT DILUÉ ET MOINS DIRECT.

À NOTER :
la réforme 2024 du label ISR en fait un label bien plus fiable et exigeant que par le passé.

… ou via un « financement participatif pour la croissance verte » ?

LE FINANCEMENT PARTICIPATIF EST UN FINANCEMENT ALTERNATIF DE PROJETS, QUI N'UTILISE PAS LES CIRCUITS TRADITIONNELS (NOTAMMENT BANCAIRES), EN FAISANT APPEL À DES RESSOURCES FINANCIÈRES D'INTERNAUTES, VIA DES PLATEFORMES DE FINANCEMENT PARTICIPATIF.

Il peut s'agir de dons, de prêts ou d'investissements. Sur cette page, nous ne retenons que les deux dernières versions, afin qu'elles puissent être comparées à un fonds ISR.

Le label « Financement participatif pour la croissance verte » certifie des projets citoyens participant à la transition énergétique et écologique.

INVESTISSEMENT
DANS UN PROJET PRÉCIS,
connu et suivi.

ENGAGEMENT ENVIRONNEMENTAL
TRÈS CIBLÉ.

Conclusion

L'IDÉE DE CE LIVRE EST NÉE AUTOUR D'UN CAFÉ, LORS D'UNE DISCUSSION QUE NOUS AVONS EUE SUR LES OBSTACLES À LA TRANSITION ENVIRONNEMENTALE DES CITOYENS ET CITOYENNES. LES QUESTIONNEMENTS ET LES INFORMATIONS CONTRADICTOIRES QUI PARALYSENT. LES IDÉES REÇUES QUI MÈNENT PARFOIS SUR LE MAUVAIS CHEMIN. ET CE BESOIN SI PRESSANT DE RÉPONSES NETTES, POUR ENFIN Y VOIR PLUS CLAIR.

IL NOUS AURA FALLU UNE ANNÉE POUR RÉALISER CE TRAVAIL DE CLARIFICATION AVEC UNE SEULE AMBITION CHEVILLÉE AU CORPS : INFORMER CELLES ET CEUX QUI NOUS FONT L'IMMENSE HONNEUR DE NOUS FAIRE CONFIANCE.

LA CONFIANCE, CE LIEN SI FRAGILE QUI S'EST LARGEMENT PERDU ENTRE INFOBÉSITÉ ET POLITISATION. LORSQUE NOUS SOMMES CONFRONTÉS À DE TELS ENJEUX, ELLE EST POURTANT AU CENTRE DE TOUT. ET IL NE S'AGIT PAS QUE DE

TRANSITION ÉCOLOGIQUE, OU DE DÉVELOPPEMENT DURABLE. IL Y A AUSSI DERRIÈRE CHAQUE DILEMME UNE QUESTION SUR NOTRE SANTÉ, NOTRE POUVOIR D'ACHAT, NOTRE LIBERTÉ D'AGIR, NOTRE BIEN-ÊTRE AUSSI. ON PARLE DÉSORMAIS D'EMPOUVOIREMENT.

VOUS AVEZ ENTRE LES MAINS UNE PIÈCE D'UN GRAND PUZZLE, ET AUSSI PETITE SOIT-ELLE SEULE, ELLE DEVIENT BIEN PLUS PUISSANTE SI ELLE VOUS SERT DE LEVIER D'ACTION. L'OBJECTIF N'EST ÉVIDEMMENT PAS DE METTRE EN PLACE L'ENSEMBLE DES SOLUTIONS ÉVOQUÉES DANS CE LIVRE. IL S'AGIT PLUTÔT D'ADOPTER À VOTRE RYTHME CELLES QUI VOUS ATTIRENT LE PLUS, POUR AINSI FAIRE VOTRE PART À VOTRE FAÇON ET À VOTRE RYTHME.

MERCI POUR VOTRE CONFIANCE, RIEN N'EST PLUS PRÉCIEUX POUR NOUS EN TANT QU'AUTEURS.

BONNE ROUTE ET BONNES TRANSITIONS !

ALINE ET VALÈRE

À propos des auteurs

VALÈRE CORRÉARD

© CLÉMENCE DEMESME

Valère Corréard est journaliste et auteur spécialisé sur le thème du durable. Il intervient depuis 2008 sur des radios nationales en tant que chroniqueur (RTL, France Inter, France Info, ICI) ainsi qu'à la télévision (France Info, France 3). Il est, depuis 2017, directeur délégué du média spécialisé ID (l'Info Durable) qui édite un site internet et deux magazines. Valère est également entrepreneur à impact, il dirige plusieurs projets médias et contenus depuis plus de quinze ans. Il intervient tous les jours sur ICI sur le thèmes du pouvoir d'achat.

Valère Corréard a publié quatre livres depuis 2018 :

- *25 idées reçues sur l'écologie à déconstruire de toute urgence,* Marabout, 2022.
- *Manifeste pour une alimentation durable,* coécrit avec Mathilde Golla, Marabout, 2021.
- *Un bébé pour tout changer,* coécrit avec Mathilde Golla, Marabout, 2020.
- *Changer d'ère, l'air de rien,* Rue de l'Échiquier, 2018.

RETROUVEZ VALÈRE CORRÉARD :

Sur Instagram : @valere_correard
Sur Linkedin : Valère Corréard
Sur BlueSky : @valerecorreard.bsky.social
Site web : www.valerecorreard.fr

À propos des auteurs

ALINE GUBRI

© CATHERINE DELAHAYE

Aline est conférencière en transition environnementale auprès de grandes entreprises, écoles d'enseignement supérieur, universités et institutions publiques en France et à l'international. Elle a également été chroniqueuse TV (BFMTV), responsable de la rubrique Écoparentalité du fameux magazine Parents et consultante en économie circulaire au sein de la mairie de San Francisco, ville pionnière dans le monde pour sa politique zéro déchet. Aline est une personnalité médiatique régulièrement invitée dans les grands médias nationaux sur les thématiques de transition environnementale des citoyen·nes.

Elle est la fondatrice du compte Instagram @consommons.sainement, rassemblant plus de 100 000 personnes. Elle y démêle le vrai du faux dans l'écologie au quotidien et propose des solutions faciles, accessibles et efficaces pour être plus écoresponsable, chacun•e à sa façon et à son rythme.

Aline est l'auteure de livres pratiques grand public, dont :

- *Zéro plastique zéro toxique,* Thierry Souccar Éditions, 2017.
- *Le Guide de l'alimentation durable,* Thierry Souccar Éditions, 2020.
- *Écologique sans me ruiner,* Robert Laffont, 2020.
- *Écologie pratique pour parents débutants,* First, 2023.
- *La Maison zéro déchet,* Coll. Pour les Nuls, First, 2023.

RETROUVEZ ALINE GUBRI :

Sur Instagram : @consommons.sainement
Sur LinkedIn : Aline Gubri
Pour faire intervenir Aline Gubri dans votre entreprise : www.alinegubri.com

Achevé d'imprimer en mai 2025